MW01414984

Para

com votos de paz.

/ /

DIVALDO FRANCO
MANOEL PHILOMENO DE MIRANDA
(ESPÍRITO)

NO RUMO DO MUNDO DE REGENERAÇÃO

LEAL

SALVADOR
1ª edição – 2020

1. ed. – 2020
20.000 exemplares

Revisão: Adriano Mota Ferreira
Lívia Maria Costa Sousa
Editoração eletrônica: Ailton Bosco
Capa: Cláudio Urpia
Montagem de capa: Ailton Bosco
Coordenação editorial: Lívia Maria Costa Sousa
Produção gráfica:
LIVRARIA ESPÍRITA ALVORADA EDITORA
Telefone: (71) 3409-8312/13 – Salvador, BA.
Homepage: <www.mansaodocaminho.com.br>
E-mail: <leal@mansaodocaminho.com.br>

Dados Internacionais de Catalogação na Publicação (CIP)
(Catalogação na fonte)
Biblioteca Joanna de Ângelis

F825 FRANCO, Divaldo Pereira.

No rumo do mundo de regeneração. 1. ed. / Pelo Espírito Manoel Philomeno de Miranda [psicografado por] Divaldo Pereira Franco, Salvador: LEAL, 2020.
320 p.
ISBN: 978-65-86256-09-3
1. Espiritismo 2. Transição planetária 3. Mundo de regeneração I. Título II. Divaldo Franco
CDD: 133.93

Impresso no Brasil
Presita en Brazilo

SUMÁRIO

"Estamos no início das grandes transformações, e fenômenos próprios demonstram chegados os tempos anunciados pelas Escrituras e confirmados pelos imortais."

Manoel Philomeno de Miranda • Divaldo Franco

NO RUMO DO MUNDO DE REGENERAÇÃO

791. A civilização se depurará um dia, de modo a fazer que desapareçam os males que haja produzido?

"Sim, quando o moral estiver tão desenvolvido quanto a inteligência. O fruto não pode surgir antes da flor."

792. Por que a civilização não realiza imediatamente todo o bem que poderia produzir?

"Porque os homens ainda não estão dispostos a alcançar esse bem."

(*O Livro dos Espíritos,* de Allan Kardec. 2ª Edição, FEB, cap. VII – Da lei de sociedade)

A civilização terrestre alcançou um nível de alto valor no que diz respeito à tecnologia de ponta, às conquistas do conhecimento, aos grandes desafios da inteligência, e vem utilizando programas para a solidariedade geral e um sentido de respeito e conformidade com as leis que fomentam o progresso exterior e as comodidades disso defluentes.

Da furna sombria ao apartamento de luxo e da imundície à higiene mais extravagante, com intensas buscas para o prolongamento da existência física prazerosa e rica de benefícios pessoais, a sociedade vem lutando para superar as preocupações a respeito da doença, da solidão, dos sofrimentos em geral...

A faina para fruir comodidades, não poucas vezes, leva ao tormento egotista do abuso do poder, da indiferença pelos sofrimentos existentes e do desrespeito aos deveres que a vida impõe a todos os seus membros.

Realizações audaciosas multiplicam-se, o luxo exagerado atinge níveis inimagináveis, as extravagâncias dos poderosos materiais recordam as festas em Veneza, nas quais, após os jantares grandiosos, culminavam atirando os objetos de uso, todos de alto preço, nas águas lodacentas. Divertiam-se os ricos em verem os aventureiros pobres que se atiravam em loucura sobre a lagoa pardacenta para salvarem louças e talheres, assim como objetos de prata e ouro, que enfeitavam as mesas nababas, enquanto o vinho, dominando-lhes a loucura, facilitava a prática de aberrações.

Diminuídas as distâncias físicas em face do precioso recurso das comunicações virtuais, das viagens aéreas, a Terra converteu-se em uma aldeia global, facilitando os relacionamentos e os comportamentos avaros, cada vez mais exigentes.

A ânsia de domínio na política, na sociedade, na economia, infelizmente tem facultado condutas insanas e desonestas, empurrando as massas desventuradas sempre em volume mais expressivo para a miséria absoluta. Totalmente desconhecidos, e quando são vistos ou aparecem nas comunicações, são desrespeitados ou ali se encontram em razão dos absurdos de que são vítimas, dos crimes que lhes dão vida ou em clamor por misericórdia, por justiça, sob os camartelos do sofrimento exagerado.

Esse tem sido o mundo das irrisões e das aparentes glórias da cultura e da civilização, em que os índices de morte pela fome, pelo abandono, pelas doenças e agora pela pandemia assustam qualquer pessoa de médio equilíbrio emocional.

Há fantasmas que apavoram em toda parte.

As crianças, amadurecidas precipitadamente, sem viverem a infância, logo são iniciadas nos jogos mórbidos dos prazeres, sem a ternura de pais atentos e famílias vigilantes, embora as parcas exceções, adquirem hábitos doentios e prematuros, enveredando pelas drogas alucinógenas e pelo sexo desvairado.

Ante as exageradas exigências de liberdade na convivência social, cada vez mais libertina, é inevitável perguntar-se para onde segue a sociedade nessa volúpia massificadora e desordenada.

Os idosos, em quase desamparo total, exceto quando ricos, e mesmo esses, são internados em comunidades próprias e esquecidos pelos familiares, ou desprezados onde se encontram na condição de peso desagradável à economia social. Tem-se pensado mesmo em eliminá-los em clínicas luxuosas ou não, a fim de que não se constituam exemplos da decadência orgânica e da fatalidade do envelhecimento a caminho da morte, que parece atrasada de cumprir o seu dever.

Paradoxos morais confraternizam ou enfrentam batalhas rudes e cínicas com os cidadãos que aspiram pela dignidade e nela se comportam, parecendo que toda a existência deve parar no período jovem e maduro, para que o prazer lhes seja a única razão de viver.

Sem dúvida, são turbulentos os dias da atualidade, em que, genericamente, vem desaparecendo o sentido existencial, senão as contínuas cargas de pessimismo e violência comprometidas com a destruição do ser integral e pleno em pensamento e atitude.

Doutrinas estapafúrdias gozam de cidadania, e os valores que engrandecem o ser, contribuindo para o equilíbrio psicofísico dos indivíduos, são substituídos por fantasias absurdas e gozos extravagantes.

Felizmente a Doutrina de Jesus, submetida ao cinismo cultural e comportamental, sobrevive com a sua chama do amor e do perdão, da solidariedade e do bem, sustentando os milhões de vidas que se lhe vinculam e trabalham pela ordem e pelo dever da solidariedade.

Esses dias alucinados passam, porque fazem parte de um período de seleção de ideias e existências, que retornam à Terra portando conflitos inomináveis e a dor trabalha-os, edificando resultados formosos.

Após submetidos ao bisturi da negação, os fenômenos do Espiritismo venceram a incredulidade tradicional e histórica, ensejando a filosofia otimista pela reencarnação ao prazer sem jaça e ao aprimoramento das aspirações de alto significado.

A religião espírita, tomando as mãos do seu adepto, ajuda-o a sair do labirinto de si mesmo e aponta-lhe a imortalidade em triunfo, após a transitoriedade do corpo carnal.

Confundem-se os campos de energia onde vivem encarnados e desencarnados em intercâmbio ininterrupto, e os Espíritos retornam à Terra, a fim de ajudá-la na sua transição de mundo de provas e expiações *para* mundo de regeneração.

Estamos no início das grandes transformações, e fenômenos próprios demonstram chegados os tempos anunciados pelas Escrituras e confirmados pelos imortais.

Tragédias de todo tipo sacodem o mundo físico, agora atormentado pela pandemia da Covid-19, demonstrando a fragilidade do ser humano no pedestal das suas ilusões ante o vírus devastador e fatal, ao mesmo tempo facultando a necessidade do amor e da solidariedade entre as criaturas para a sobrevivência ao caos.

Este livro, que temos o prazer de oferecer aos queridos leitores, apresenta sintéticas páginas de atividades entre os dois planos da vida num trabalho de harmonia para apressar a hora da felicidade, após a vivência das heranças infelizes que se demoram na economia da Humanidade.

Esperamos que as suas informações contribuam de alguma forma para a tranquilidade de quem o leia e o auxilie a confiar na Providência Divina e no grande auxílio que o Consolador *propicia a todos.*

Salvador, 27 de novembro de 2020.
Manoel Philomeno de Miranda

"A Divindade, através dos Seus prepostos, providenciou reencarnações de apóstolos da caridade, de missionários do conhecimento, de sábios da tecnologia para melhorar as condições de vida no planeta, de embaixadores da Vida espiritual e proclamadores do amor, do respeito à vida em todas as suas expressões, e eles sensibilizaram milhões de seres que anelavam pelo bem e pela Verdade."

Manoel Philomeno de Miranda • Divaldo Franco

1

OS CLARINS ANUNCIADORES

De nossa Comunidade olhávamos o planeta terrestre, que lentamente se envolvia em volumosa cortina de sombras.

Sabíamos que aquele adensar de fluidos sombrios era o resultado da emissão mental doentia dos seus habitantes.

Em volta, a regular distância, podíamos ver as paisagens siderais e o Astro-rei, na pujança da sua luz, tentar vencer a pesada camada que se assemelhava a nuvens anunciadoras de tempestades.

Uma vez ou outra também observávamos tormentas que desabavam entre relâmpagos velozes, em dança macabra, e trovões ensurdecedores, sob o comando de venerandos guias espirituais do amado planeta, em tentativas de diluir as condensações mórbidas acumuladas.

Após verdadeiros vendavais que arrebatavam as massas escuras, podia-se ver algo da Natureza exuberante do orbe terrestre voluteando em torno do seu eixo e do Sol.

Animávamo-nos em nossas conversações, mas logo depois de algum tempo, nuvens carreadas de eletricidade volviam a encobrir o gigante solto no ar.

Naquela noite especial de setembro, após ouvidos os clarins que ecoaram por toda parte, reunimo-nos em um imenso anfiteatro sem teto, que nos permitia ver o turbilhão de astros bailando na luz que emitiam e na sinfonia inimaginável que produziam, como se fosse um mágico espetáculo celestial.

Os grupos de Espíritos reuniam-se nos arredores do majestoso edifício, aguardando a conferência do administrador da nossa Esfera e os visitantes que haviam chegado de uma Colônia congênere.

A suave brisa perfumada pelas flores miúdas que desenhavam maravilhosos conjuntos coloridos nos jardins em volta envolvia-nos em doce paz, embora se pudesse perceber a preocupação geral nos semblantes sérios e um pouco assinalados pelos sulcos típicos da tensão nervosa.

Às 20h todos estávamos sentados nos confortáveis degraus do belo edifício, quando chegou a comissão que acompanhava o nosso administrador-chefe.

Um silêncio especial envolveu a multidão, que se adensava em expectativa.

Ao redor de larga mesa colocada numa face da sala, sobre ligeira elevação que lhe dava destaque com arranjos florais majestosos, sentaram-se os responsáveis pela atividade e os visitantes ilustres, num total de dez Entidades.

Uma suave melodia em tom gregoriano tomou todo o ambiente, no qual brilhavam no ar pequeníssimas estrelas.

Uma unção espontânea envolveu-nos a todos, dominados pelas emoções superiores, e lágrimas inesperadas umedeceram-nos os olhos.

Nosso administrador, o irmão Antúlio, que era responsável pela nossa Comunidade, ergueu-se e, com significativa ponderação, deu início à solenidade.

Saudou os visitantes e a todos nós, logo aduzindo:

– *Nesta manhã, embora já esperássemos, todos ouvimos emocionados os clarins anunciadores e a sua música melancólica, informando-nos que o amado planeta se encontra na mais difícil crise espiritual dos últimos séculos.*

Iniciava-se com dores infinitas que já vinham assinalando a cultura e a civilização com sucessivas guerras locais devastadoras e alucinados programas de divertimentos extravagantes quanto grosseiros.

A drogadição vinha, há décadas, consumindo a juventude, e vícios degradantes dominavam a sociedade que combatia a família, a educação, a saúde e os meios de dignificação humana. O bafio pestilento exteriorizado pelo materialismo dominador das massas zombava de Deus, na condição de mito superado, e a figura de Jesus e Sua Doutrina, como as personagens dos Seus dias, que O acompanhavam, sendo objeto de escárnio e desdém...

Em nome da arte e da cultura, vivia-se a bacanal em toda parte com anuência das autoridades ou por elas estimulada, e graves transtornos de conduta formavam uma sociedade desarrazoada e venal.

Os valores éticos, a princípio, surdamente, depois vulgarizando através dos veículos de comunicação tradicional e virtual, eram anulados como castradores da liberdade, e a necessidade de igualdade com as minorias de todos os aspectos favorecia a libertinagem desmedida. Pessoas cultas e aparentemente sensatas de repente sentiam necessidade de quebrar os limites, a que denominavam como tabus, e desnudavam-se em nome da nova ordem, animalizando mais o ser humano e humanizando os animais.

Disparates de toda espécie tornavam-se motivos de brigas intérminas e qualquer postura de equilíbrio era vista como remanescente da chamada decadência do comportamento ultramontano.

Os jogos políticos atingiam as mais chocantes aberrações de furtos e roubos, predominando o cinismo de criaturas declaradas sem honra em face dos crimes cometidos e divulgados.

As universidades negavam a finalidade para a qual foram edificadas pelas civilizações transatas, dominadas pelos revolucionários perversos que os políticos insanos colocavam para desviarem a juventude, seduzindo com programas ateus e depravados, em que os instintos primitivos eram exaltados até a consumpção das energias devoradas pelos interesses de corruptos e de corruptores.

Sentia-se no ar, em toda parte, que algo iria acontecer, porque a decadência moral e intelectual havia chegado à situação insustentável.

Pensou-se que o monstro da guerra seria uma solução para diminuição da população da Terra, como sucedera anteriormente, e os laboratórios de investigação científica, a pretexto de penetrar na vida microbiana para melhor estudar a saúde e resguardá-la, também estabeleceram códigos secretos de se criarem vírus tenebrosos, partindo-se da cepa de algumas enfermidades. E neste século surgiram epidemias, algumas transformadas em pandemias, que continuam devorando vidas aos milhares.

O nobre Espírito fez uma pausa oportuna para reflexões, a fim de continuar, logo depois:

A Divindade, através dos Seus prepostos, providenciou reencarnações de apóstolos da caridade, de missionários do conhecimento, de sábios da tecnologia para melhorar as condições de vida no planeta, de embaixadores da Vida espiritual e proclamadores do amor, do respeito à vida em todas as suas expressões, e eles sensibilizaram milhões de seres que anelavam pelo bem e pela Verdade. Entretanto, suas vozes, exemplos e abnegação não lograram diminuir a força dos arbitrários adversários da Luz Divina, que, abraçando doutrinas perversas, ampliaram o seu campo de obstinação no mal e arrebanharam as mentes jovens, em razão das famílias destruídas, das uniões sexuais imaturas, dos cidadãos inescrupulosos dominadores...

Os enfrentamentos têm sido contínuos e os inimigos do bem, disfarçados em servidores da imortalidade em que se homiziam, para continuarem envenenando as massas com as suas ironias e argumentações odientas, utilizam-se da Imprensa marrom e suspeita, perturbando as mentes dignas com notícias falsas, bem trabalhadas para confundirem. E têm conseguido com facilidade e comportamento feroz.

Perde-se muito tempo com dialética vazia e combates antifraternos, separando as pessoas do mesmo clã por ideologias políticas e criminosas, enquanto os males surgem inesperadamente.

É o que está acontecendo neste momento de provações e expiações individuais e coletivas, que ameaçam a existência humana no planeta confiado a Jesus para o alçar a mundo de regeneração.

Em razão da continuidade de comportamento insano dos seres rebeldes e negligentes, as forças do bem anuem com a grande aflição da peste que varre a Terra em seus quadrantes.

Cenas de horror são ridicularizadas, orientações elevadas são desconsideradas com zombaria, sacrifício e abnegação dos Espíritos dedicados que se encontram na linha de frente *não têm recebido o merecido reconhecimento do Estado, em alguns lugares, nem das massas enfermas da alma e ambiciosas da Terra.*

Alastra-se a peste, recordando-se a denominada negra *do período medieval, em que a Igreja, intolerante e irresponsável através do seu representante máximo, propôs a* Inquisição, *e mais de um milhão de vidas foram ceifadas cruelmente por serem acusadas como hereges... Logo depois, outro Papa anunciou que os gatos eram portadores da figura satânica, e os felinos foram perseguidos de maneira inclemente e mortos com impiedade... Como efeito natural, os ratos multiplicaram-se terrivelmente e, portadores de pulgas infectadas, contaminaram a Terra, especialmente a Europa, destruindo milhões de existências...*

De alguma forma, ocorre hoje o mesmo fenômeno; ao combater-se, ou parecer fazê-lo, as paixões políticas arruínam os países, e os sobreviventes do vírus da Covid-19 serão dizimados pela miséria e pelo abandono.

Novamente, a voz suave e enérgica silenciou por alguns segundos, enquanto o auditório em silêncio e profundamente impressionado, aguardava a continuidade da exposição.

– É certo que nada poderá obstaculizar o progresso do planeta terrestre e da sua sociedade.

Esses acontecimentos e outros de natureza sísmica e cósmica darão lugar a maior soma de sofrimento humano, enquanto facultarão também a presença dos apóstolos da caridade e do amor, da fraternidade e do bem, formando a família da misericórdia em socorro a todas vítimas, sejam aquelas que padeçam a contaminação ou chorem as perdas afetivas *e/ou as misérias de outras expressões.*

Ninguém conseguirá fugir ao determinismo do sofrimento, embora não tenham diretamente razões, mas por solidariedade e compaixão.

Avizinha-se a hora em que das nossas colônias espirituais descerão ao planeta em desolação as equipes socorristas em nome de Jesus, mergulhando em reencarnações redentores e atendimentos específicos durante a atual e as demais calamidades que venham a acontecer.

Todos estamos convidados ao serviço de amor e de caridade aos nossos irmãos do amado planeta Gaia, *na tradição grega.*

Somente o sentimento de amor, conforme o expressou Jesus e o viveu, logrará modificar as paisagens humanas neste momento.

Nesse terrível confronto entre o bem e o mal, muitas criaturas sem maturidade psicológica robotizam-se, sem definição, seguindo a trajetória das forças em antagonismo, inimizando-se umas contra outras.

As esperanças cristãs estão centradas no Consolador com a sublime mensagem de Vida imperecível e o comportamento digno na vilegiatura carnal. Benfeitores abnegados recusam-se a ascender, de forma a continuarem auxiliando a Humanidade iluminada pelo Cruzeiro do Sul, *mas que prefere as sombras da ignorância e da crueldade, teimando em olvidar que a jornada física é de efêmera duração.*

Observemos o que sucedeu às civilizações do passado, cuja glória se transformou em memórias vagas, e suas grandiosas construções ruíram e hoje servem de amparo a serpentes e aracnídeos perigosos, ou foram arrastadas pelas águas oceânicas à sua profundeza.

O tempo terrestre é relativo aos movimentos do planeta no seu giro infindável sobre si mesmo e em torno do Sol, sob a direção do Celeste Governador que o guia desde os dias longínquos de nebulosa de gases incandescentes.

Logo mais, formaremos nossas caravanas de socorro, porquanto já estão tomadas providências para receber os irmãos que desencarnarem sob a trágica tempestade viral.

Ao terminarmos a nossa elucidação, formar-se-ão grupos sob direções especiais adrede programadas, para o trabalho em conjunto com todos os grupos espirituais de comunidades socorristas que operam em favor do planeta.

Recordemos da orientação do Senhor Jesus ao encaminhar os setenta à Galileia: "Eu vos mando como ovelhas brandas para conviver com lobos rapaces*"...*

Certamente se referia aos irmãos desencarnados, que se comprazem na geração do terror e das lamentáveis obsessões aos deambulantes do corpo físico. Nestes dias de horror, também eles, nossos irmãos infelizes, comprazem-se em atormentar antigos desafetos, desafetos que se dizem do Senhor Jesus, a Quem perseguem tresvariados e odientos.

Eles também estão organizados para os embates do momento, por considerarem-no excelente para os fins desprezíveis a que se dedicam.

Formando uma nuvem espiritual, *semeiam a desordem e a incompreensão nas almas já aturdidas em si mesmas, perseguindo-as com tenaz insistência.*

Atividades severas nos aguardam em nome do amor, a fim de preservarmos as nossas comunidades dos assaltos perigosos do mal em hordas asselvajadas e dispormos de condições para recebermos os recém-desencarnados que possamos trazer para nossos diversos setores socorristas.

À semelhança dos dias de guerras hediondas, estamos diante de uma ainda mais perigosa, em face da sua singularidade, como ocorreu nos dias do passado...

Novamente silenciou. Pudemos ver os seus olhos brilhantes com lágrimas que os aureolavam. A tonalidade da voz nos produzia sentimento de ternura e solidariedade pelos sofredores do mundo, de alguma forma também somos quase todos sofredores.

O auditório emocionado pôde, então, acompanhar a peroração final coroada por emocionada prece de súplica a Jesus.

Senhor!

Envolve-nos, os Teus servidores fiéis, nas dulcíssimas vibrações do amor, a fim de podermos corresponder à Tua expectativa, no convite que nos fazes para atender a Humanidade sob as sevícias necessárias à sua evolução.

Desde priscas eras convidas-nos todos a compreender o destino que nos está reservado sob as bênçãos do Supremo Pai.

Nas brumas da ignorância em que transitávamos, enviaste-nos, de outro astro celeste, luminosos mensageiros que semearam os pensamentos de libertação das paixões destrutivas, na formação das culturas do passado.

Corporificados na matéria carnal, eles submeteram-se às injunções grotescas do planeta para nos ensinarem a crescer na Tua direção, modelando os equipamentos delicados para que o Espírito melhor se utilizasse, empreendendo o processo de purificação do vaso para tornar-se capaz de alimentar-se de luz.

Depois que eles construíram algumas raças na Eurásia, vieram sob o Teu comando os nobres edificadores da sabedoria para colocarem em nosso íntimo as sementes poderosas do amor e da fraternidade, auxiliando o planeta a diminuir as sombras que o envolviam.

Periodicamente, mesmo durante as conflagrações que se permitiam alguns desses povos, eles a todos convocaram ao respeito a Deus, à Vida, a si mesmos e ao seu próximo.

Com desvarios coletivos ergueram-se impérios monumentais que foram transformados em escombros, narrando em silêncio a dor da tragédia que os devastaram.

Sucessivamente, enviaste Espíritos temerários e insensíveis para submeter e domar as más inclinações, e nada quase conseguiram.

Depois de devastações aparvalhantes, vieste, Tu próprio, aureolado pelas estrelas do amor e da caridade, acompanhado de luminares que se encarregaram de imortalizar Teu nome, e a civilização cristã poderia ter modificado o mundo.

Não foram poucos os Teus discípulos fiéis que vieram alertar e viver com os réprobos morais e os dominadores de mentira, sem que restaurassem a união das almas num banquete de fraternidade.

...E quando o mundo entrou nos nobres segredos da ciência, da razão, da ética e da igualdade como recurso de vitória, enviaste Allan Kardec e ***as estrelas que estavam no Céu****, para que descessem à Terra e a iluminassem com as claridades do Teu Evangelho.*

A nova sementeira espraiou-se, mas a colheita está pífia, e, não tendo alternativa, envias a ***peste****, para que sejam revistos* *os códigos dos valores humanos e o amor seja a grande luz que embale as vidas nos próximos dias de regeneração.*

Eis-nos às Tuas ordens, Senhor dos Espíritos e do planeta terrestre sob o Teu comando, repetindo:

Glória a Deus nas alturas e Jesus entre os homens de boa vontade!

O recolhimento era silencioso, geral, ouvindo-se suave-doce melodia passeando no ar entre pingentes de luz azul e níveo brilhante.

Antes do encerramento, um dos convidados à mesa, elucidou:

– *Agora cada qual busque o responsável pelo seu grupo que descerá à Terra, para receber as instruções de que necessitam.*

Começamos a sair, seguindo em direção a um outro edifício térreo, dividido em grande número de salas.

O zimbório celeste palpitava de estrelas brilhantes que produziam singular claridade à noite especial.

Uma grande expectativa pulsava no meu peito e certamente em todos que estivemos presentes ao significativo encontro.

"Quando os seres humanos compreenderem que o mundo é feito de ressonâncias, os seus pensamentos e condutas obedecerão a diferente critério seletivo."

Manoel Philomeno de Miranda • Divaldo Franco

2

ESTABELECENDO TAREFAS

O nosso pequeno grupo era constituído por cinquenta Espíritos, logo sendo dividido em subgrupos. De imediato, quando todos estávamos reunidos na sala nova, tomamos conhecimento do responsável pelas atividades que seriam distribuídas conosco.

Ele apresentou-se utilizando-se de palavras simples e sem referências que pudessem adorná-lo de valores que não interessavam.

Simpático, com a aparência de desencarnado aos sessenta anos, elucidou que se chamara Francisco Spinelli, de origem napolitana e que trabalhara no Espiritismo no Estado do Rio Grande do Sul.

A Doutrina Espírita fascinou-o desde quando veio residir em cidade relativamente modesta dos pagos gaúchos, acompanhado de irmãos devotados ao bem, que deveriam colocar no Estado sulino do Brasil os *pilotis* para a ingente obra de cristianização das massas.

Elucidou que até hoje continua vinculado a esse solo e aos corações que o habitam, mantendo intercâmbio constante, especialmente nas nobres atividades de unificação dos espíritas e das instituições orientadas pela Codificação Kardequiana.

Irradiava peculiar luminosidade, e o seu sorriso tranquilizador desenhava em sua face a ternura e a bondade do verdadeiro líder.

Foi proferida uma prece com unção especial e, logo após, leu-nos a pauta para o trabalho.

Com muita gentileza, apresentou a cada grupo o mentor encarregado das atividades no plano físico, elucidando que a jornada dizia respeito à preparação da Era Nova, cognominada como de Regeneração da Humanidade.

Unimo-nos todos dos diferentes grupos, enquanto os seus responsáveis aproximaram-se de delicada mesa e sentaram-se à sua volta.

Uma suave melodia, parecendo trazida por brisa muito delicada, criou uma psicosfera de paz e alegria interior que nos enriqueceu intimamente.

A Mãe-Terra, com os seus filhos em sofrimento, iria passar por uma rude provação, qual ocorrera em épocas transatas, sentindo no seio o clamor das multidões alcançadas pela enfermidade implacável que deveria convidar os seus habitantes a repensarem a respeito das questões transcendentes da existência orgânica.

O excesso de tecnologia, propiciador de conforto a grande número de residentes no corpo somático, era responsável pela decadência espiritual que se permitiam, exceção feita, naturalmente, àqueles que se vinculavam aos nobres objetivos da evolução.

Depois de comentários generalizados, o nobre irmão Francisco Spinelli anunciou que a Misericórdia Divina possuía várias opções para a promoção do planeta a nível superior de evolução, sem a necessidade das lágrimas, como várias vezes, no passado, havia ocorrido.

Nada obstante, as criaturas deixaram-se alienar pela busca da liberdade para o prazer, sem qualquer respeito pela Vida, nas suas sagradas manifestações.

O desrespeito à Natureza, com o envenenamento da atmosfera, dos rios e nascentes, enquanto o mar estava reduzido a depósito de desperdícios que vêm destruindo a sua fauna e flora, e o adensar da psicosfera geral pela emissão de ondas contínuas de ódio e de degradação moral, chegando a níveis brutais de conduta, com o aumento dos feminicídios e crimes de características primitivas, respondiam pela tragédia que então se aproximava do planeta querido.

Quando os seres humanos compreenderem que o mundo é feito de ressonâncias, os seus pensamentos e condutas obedecerão a diferente critério seletivo.

A tarefa que a todos nos estava destinada objetivava diminuir a intensidade da epidemia, agora se transformando em pandemia, pelo fato de encontrar-se espalhada pelo orbe planetário, em razão da facilidade de contágio, por decorrência dos múltiplos recursos de locomoção e transportes velozes que vencem as distâncias continentais.

Esse labor seria realizado através das construções espirituais nas regiões-foco de contaminação, auxiliando os indivíduos à manutenção de comportamento sereno, abstenção das extravagâncias que desconectam o equilíbrio emocional e as reflexões mentais no dia a dia existencial.

As comunidades que trabalhariam no Brasil, sob o comando de Ismael, obedeciam à programação específica, qual ocorreria nas diversas nações, conforme suas tradições e costumes, ética e confissões religiosas ou não.

Entidades elevadas que contribuíram para o progresso da Humanidade na área da saúde no passado participariam dos laboratórios de pesquisa, inspirando os seus devotados companheiros encarnados.

Outros Espíritos, igualmente especializados na área da saúde, hospedar-se-iam nos nosocômios tradicionais e improvisados, considerando-se o volume de pacientes que necessitariam de apoio e terapêutica especializada.

Seria um intercâmbio mental e emocional muito significativo entre os obreiros do Mais-além e os missionários do amor na Terra.

Alguns dos subgrupos permaneceriam numa das capitais do país, com especificidades nas regiões Sul, Centro e Nordeste, sob a supervisão de Eurípedes Barsanulfo, em homenagem à sua desencarnação em 2 de novembro de 1918, pela *gripe espanhola.*

O subgrupo no qual me encontrava permanecia na região Nordeste e contaria com a cooperação de Espíritos que mourejaram nessa área em sua última existência e, de alguma forma, são responsáveis pelas atividades superiores que dizem respeito a cada grupo social.

Ouvimos as considerações com respeito e emoção, porque se tratava de algo pior do que uma guerra, deflagrada a ação quase de improviso, embora as notícias sempre repetidas pelos comunicantes espirituais a respeito dos *tempos chegados.*

Ainda não se espalhara o terror, conforme iria acontecendo, com os estágios iniciais, de pico e de continuidade menor de contaminação.

Habituadas aos comportamentos liberais e irresponsáveis, autoridades invigilantes e infiéis aos deveres abraçados postergaram providências que deveriam ser urgentes, enquanto países europeus eram sacrificados, e ainda a má imprensa, imantada aos interesses sórdidos, procurava mascarar a realidade com fantasias, ou, sob o comando de organizações de corrupção, ao invés de orientar o povo, intimidava-o. Tal atitude era programada para facilitar ainda mais a desgraça social, os malabarismos em torno das leis violadas e da política assassina em que as criaturas humanas passavam a ser números e jamais pessoas...

Pode-se imaginar a frieza desses capitães do poder em toda parte, absolutamente conscientes da gravidade da pandemia, desfazendo-lhe os perigos reais, e outra parte, também dominada por outra classe de interesse, gerando pânico, mediante informações apavorantes e expedientes criminosos.

Era necessário que nos deixássemos conduzir por uma profunda compaixão não somente pelas vítimas da situação vexatória, mas principalmente pelos criminosos de *colarinho branco*, amealhando riquezas superlativas com a miséria e o sofrimento incalculável da Humanidade.

A desfaçatez das suas informações nos veículos de comunicação de massa e virtual provocavam mais inquietação que tranquilidade, enquanto tramavam transformar o padecimento de milhões em jogo de interesses políticos venais lucrativos para eles, sem se darem conta do perigo real que os ronda e aos seus familiares.

Em geral, o ser humano ainda transita pelo instinto de preservação da sua vida e dos seus bens, distanciado dos sentimentos de solidariedade humana e de deveres honoráveis.

A Deus rendemos graças pelos exemplos de indústrias, empresas de vária especialidade, famílias e pessoas verdadeiramente humanas, oferecendo-se para diminuir a tragédia do cotidiano, para ajudar nos comportamentos preventivos e nos cuidados em nome da ética, da civilização, do amor.

Os cristãos, especialmente os espíritas, sentiram-se convocados a contribuir com o devotamento e os recursos próprios para melhorar a situação dramática, num esforço de demonstrar a finalidade da existência na Terra e que o importante no mundo é a satisfação de servir, de ser irmão do sofrimento e poder diminuí-lo onde se homizie.

Mantendo a conduta nas diretrizes do Evangelho de Jesus na sua interpretação espírita, são mais responsáveis pelos atos nos momentos desta natureza, e estabelecem sintonia com as Forças Vivas do Universo e o Mundo transcendental, de onde vieram e para onde retornarão.

A gravidade que se constatava na pandemia devoradora era de alta responsabilidade, mesmo após a diminuição da sua virulência, nas vidas ceifadas, nas consequências do mundo que parou e tudo quanto constituía razão para lutar.

As demissões em massa dos servidores de toda natureza, pela falta do intercâmbio comercial, deixarão feridas morais, econômicas e humanas inimagináveis, com certeza levando pessoas desestruturadas ao suicídio, ao transtorno do pânico, aos denominados vícios sociais, do alcoolismo, do tabagismo, da drogadição... O medo, tornando-se um gigante para a alma, paralisaria as pessoas propensas à depressão e facilmente se lhes instalaria, ao tempo em que crimes inabituais iriam surgir ante as massas esfaimadas numa sociedade retalhada pelo sofrimento e pelas incertezas.

Nunca se haviam reunido fatores dissolventes de uma vez como naquele instante em que a pandemia começava o seu cortejo fúnebre e devastador.

Todos compreendíamos a seriedade do momento e a falta de estrutura emocional dos seres humanos, acostumados mais às leviandades do que às responsabilidades de alto coturno.

A dor dos irmãos terrestres chegara às nossas comunidades espirituais, conclamando-nos ao esforço de auxílio, à renúncia das próprias satisfações, a fim de que a fé na Divina Providência fosse restaurada e a solidariedade voltasse a reinar entre todos.

Mergulhados em reflexões, aguardávamos o anúncio para descer ao planeta amado e acender as luzes da esperança e da coragem, assim como a confiança em Deus e nos Seus mensageiros, encarnados e deslindados da matéria.

Foi-nos concedido retornar aos nossos lares e organizarmos o material de emergência para o mergulho nas névoas que envolviam a Terra.

Às 23h, reunimo-nos no local adrede assinalado para o ministério de amor e de caridade sob as bênçãos de Jesus.

Era uma noite transparente, e as estrelas pareciam sentir as nossas emoções, brilhando como gemas preciosas engastadas no Infinito em um grandioso espetáculo de luz e de paz.

"Um educandário nobre, um templo de fé, um laboratório de pesquisas, quaisquer lugares onde se observem serviços de edificação da sociedade são abençoados redutos de amor e de construção do bem, preservado por Espíritos gentis que são colocados como guardiões, para evitar a baderna dos ociosos, burlões e perturbadores."

Manoel Philomeno de Miranda • Divaldo Franco

3

ADAPTAÇÃO AO NOVO LAR

Ao chegar, dirigimo-nos de imediato à Instituição que nos serviria de base para as atividades. Em um local aprazível, próxima ao mar, podíamos beneficiar-nos das emanações do oceano, do brilho do plâncton à noite e a seiva das árvores que muito nos auxiliam na constituição perispiritual.

Jardins bem traçados abriam-se em variadas flores que desatavam perfumes, enquanto miríades de insetos voejavam no sagrado mister da vida, sob a assistência vibratória dos elementais.

Tratava-se de uma Comunidade Espiritista dedicada à iluminação de consciências e edificação moral pelo estudo da Codificação Kardequiana.

A movimentação era muito grande, tanto de trabalhadores conscientes das suas responsabilidades doutrinárias quanto de Espíritos abnegados, responsáveis pelos cometimentos abraçados. Num dos setores havia um edifício especialmente dedicado às reuniões mediúnicas, e o movimento de sofredores de ambos os planos fazia-se significativo.

No mesmo espaço eram realizados o atendimento fraterno aos cansados da labuta física e aos sofredores desencarnados, em meio aos quais podíamos notar adversários perversos de pessoas enfermas, bem como inimigos entre eles em peculiar processo de obsessão recíproca.

A administradora do espaço que nos fora reservado era uma senhora simpática de sessenta anos, mais ou menos, que trabalhava com os visitantes, que frequentemente se hospedavam na Sociedade. Muitos deles vinham com tarefas especiais para atendimento à Comunidade, enquanto outros eram trazidos para treinamento nos labores espirituais, particularmente com os recém-desencarnados.

Fomos conduzidos com muita fraternidade aos cômodos que nos deveriam albergar e preparar-nos para conhecer os labores formosos da Instituição.

Um educandário nobre, um templo de fé, um laboratório de pesquisas, quaisquer lugares onde se observem serviços de edificação da sociedade são abençoados redutos de amor e de construção do bem, preservado por Espíritos gentis que são colocados como guardiões, para evitar a baderna dos ociosos, burlões e perturbadores.

Quando a percepção humana se dilatar mais, penetrando nas diversas faixas vibratórias entre o mundo físico e o espiritual, permitirá o conhecimento de que a vida não para e o espaço vazio é pobreza dos sentidos humanos.

Assim, será mais fácil compreender também a teoria dos universos paralelos e outras conquistas extraordinárias que a Ciência terrestre está constatando.

Respirava-se o ar espiritual do trabalho em que Jesus, na condição de Condutor sublime, era venerado através da ação de todos que ali se encontravam.

Após alguns minutos, Marta nos informou que o mentor da Instituição, discípulo do santo de Assis, aguardava-nos, a fim de oferecer-nos as boas-vindas.

A sala onde fomos recebidos era simples, quase sem adorno de qualquer natureza, tendo na parede uma gravura do beijo que Francisco de Assis dera no irmão leproso, quando ainda era candidato a cavaleiro no mundo.

O irmão Gracindo recebeu-nos com afabilidade e explicou-nos que estava à frente da Instituição por orientação do *Pobrezinho*, desde a sua fundação. Explicou-nos ainda que a problemática do momento muito o preocupava, em razão dos prognósticos médicos algo alarmantes, assim como das informações espirituais de que tomara conhecimento.

Desde há alguns meses, os benfeitores da Humanidade deram-se conta da guerra terrível com o estranho vírus, que parecia haver sido trabalhado em laboratório, utilizando-se da cepa comum da influenza, e se deveria prolongar, maléfico, na Terra, por mais de dois anos, superando o da *gripe espanhola*.

Entreteceu considerações sobre a caridade em relação aos pacientes e a todos os sofredores no seu processo de evolução, e dirigiu-se diretamente ao irmão Spinelli, informando-o que podia contar com todos os serviços da Instituição a qualquer momento e sem consulta anterior.

Nominado com clareza, o amigo Francisco elucidou que era a primeira vez que participava de um labor desse gênero, porque estava emocionalmente vinculado ao solo gaúcho, nas tarefas de expansão do Espiritismo e suas atividades incomparáveis.

O nobre administrador convidou, para que nos acompanhassem, dois amigos espirituais que se encontravam presentes e fizessem o trabalho de cicerone da bela Instituição.

Saímos em agradável conversação e observamos a colmeia de ação benéfica.

A Instituição, especificamente, dedicava-se à obra de educação, porém, o *Santo de Assis* havia recomendado que não fossem esquecidos os *Filhos do calvário,* por Jesus assim denominados, que experimentavam as vicissitudes no declínio da existência física e eram abandonados.

Foram criados setores especiais para idosos, embora sem internamento, oferecendo-se cuidados e terapias preventivas às enfermidades sorrateiras, abrindo-se escolas tradicionais e profissionais, de modo que as novas gerações, melhores educadas, pudessem constituir a futura sociedade.

A higiene, os cuidados domésticos e os setores especializados em diversas áreas – médica, odontológica, farmacêutica, laboratorial, de parto natural – chamavam-nos a atenção, mas também a alegria e a psicosfera ambientais de voluntários e funcionários, perfeitamente conscientes de que o amor é a maior terapêutica preventiva e curativa que existe.

O setor doutrinário, fiel aos princípios do Evangelho e à Codificação Kardequiana, estava em pleno funcionamento, o que nos surpreendeu satisfatoriamente.

À hora da refeição, fomos convidados ao refeitório central, quando fomos apresentados a todos os trabalhadores, pela generosidade do irmão Gracindo.

Posteriormente, fomos informados que esse Espírito abnegado trabalhara com o suave doce *Pai Francisco* e se encontrava nessa tarefa por amor a alguns daqueles que, reencarnados, faziam parte do grupo que ele pretendia levar a Jesus.

Comoveu-nos também constatar que a mediunidade com Jesus era preservada e vivida naquele lugar com o respeito e a alta consideração que merece, sendo exercida *cristãmente*, como recomendava o codificador.

Graças ao desenvolvimento intelecto-moral dos seres humanos, à medida que se fazem sensíveis à beleza e à reflexão, mais percepção adquirem em relação aos denominados fenômenos paranormais, por ensejar-se melhor sintonia com as vibrações sutis que os envolvem.

Com o suceder do tempo, mediante o exercício, cada vez maior, das faculdades mediúnicas, os fenômenos tornar-se-ão *normais*, tornando esse delicado *sentido físico* mais primoroso e transcendental.

Cada vez mais se constata que a energia espiritual é a portadora de todos os valores que constituem a vida animal e especialmente a humana.

Graças aos estudos da fenomenologia mediúnica, mais ampla gama de ocorrências passa a fazer parte do cardápio existencial, por facultar a penetração em faixas vibratórias ainda pouco conhecidas e vivenciadas.

Ali estávamos em um mundo vibrante, com movimento e recursos poderosos que, no entanto, passavam despercebidos das pessoas que residiam ou se encontravam nos diversos setores em plena atividade. Seriam dois mundos em perfeita sintonia ou apenas um mundo em duas especialidades de percepção?!

A verdade é que em cada momento de reflexão, mais encantado com as descobertas e identificações que faço, reencontrava sempre a vida nas mais diversas expressões.

O dia finava-se lentamente, permitindo-nos ver a distância a linha do oceano confundindo-se com as nuvens coloridas do Sol poente.

Nesse momento, passamos a escutar uma antiga melodia religiosa de Palestrina, o grande compositor sacro, que parecia tangida por mãos e vozes invisíveis.

Observamos e sentimos uma suave brisa agradável que invadia todos os recantos da Instituição.

Nessa ocasião, um dos membros do nosso grupo, que fora médico virologista na sua última investidura física, murmurou, gentil:

– *É a* Hora do Angelus, *das orações de louvor a Maria, a Santíssima, na sala de atividades mediúnicas, para onde devemos rumar.*

O Dr. Eudalbo fora-nos apresentado antes de iniciarmos a jornada, e fora, na Terra, um grande e devotado estudioso da virologia.

Diversas vezes, estivera na Instituição e desfrutava de muito respeito dos seus membros, pela contribuição que dava em viroses menos letais, que ocorrera neste século e ainda remanesciam com episódios esporádicos.

Afirmou que poderíamos acercar-nos do local, participar das orações e rápidos comentários realizados pelo irmão Gracindo.

A sala de pequenas proporções estava repleta, com os chefes de departamento e alguns convidados, e nos emocionamos com as dúlcidas vibrações ambientais.

Nada havia de adornos, caracterizando-se pela simplicidade austera dos lugares dedicados à meditação e à prece.

À frente, a mesa em torno da qual, nos dias próprios, sentavam-se os membros da atividade mediúnica e em seguida algumas filas de cadeiras, corretamente colocadas, sem qualquer forma ritualística.

Sobre o móvel encontravam-se as cinco obras da Codificação Espírita.

O diretor enunciou uma emocionada prece e, de imediato, pediu ao irmão Spinelli que abrisse *O Evangelho segundo o Espiritismo*, de Allan Kardec, e lesse um parágrafo.

A página aberta encontra-se no capítulo sexto do livro referido, e assinala:

Todos os sofrimentos: misérias, decepções, dores físicas, perda de seres amados, encontram consolação em a fé no futuro, em a confiança na Justiça de Deus, que o Cristo veio ensinar aos homens. Sobre aquele que, ao contrário, nada espera após esta vida, ou que simplesmente duvida, as aflições caem com todo o peso e nenhuma esperança lhe mitiga o amargor. Foi isso que levou Jesus a dizer: "Vinde a mim todos vós que estais fatigados, que eu vos aliviarei".

O mentor solicitou-lhe que comentasse em breves palavras o magnífico texto, o que foi feito com o brilhantismo que lhe é peculiar.

– *Paz seja conosco!* – iniciou o querido companheiro. – *Sempre nos referimos às misérias que nos acontecem no transcurso da evolução, olvidando-nos que elas são os frutos espúrios do nosso comportamento. O Pai Celestial nos proporciona a reencarnação a fim de prepararmo-nos para a glória que nos está reservada. Entretanto, as heranças doentias do processo inicial permanecem dominando as nossas paisagens íntimas e empurrando-nos para os fossos do desequilíbrio e da insensatez.*

Compreendêssemos a necessidade da fé no futuro e nos pouparíamos no presente de acumpliciamento com as paixões servis que nos aprisionam nos painéis da inferioridade.

Confiássemos em Deus e adotássemos o comportamento ensinado e vivido por Jesus, e, com certeza, o nosso fardo seria leve, sem qualquer fadiga.

Eis por que o Espiritismo é a Doutrina da consolação, semelhante ao que Jesus fez, ajudando-nos a agir corretamente, sem a vã loucura de desejarmos a solução milagrosa dos problemas através dos mentores, cabendo-nos, a nós próprios, realizá-la.

Que o Senhor nos abençoe!

O seu verbo sempre gentil e suave penetrou-nos o ser e insculpiu-se-nos no âmago do ser.

O mentor considerou a gravidade do momento na Terra e a preocupação de todos em relação à pandemia, que agora se tornava terrivelmente visível, com a agressividade de que se constituía, surpreendendo o mundo dito civilizado, mas ainda algo primitivo.

Referiu-se aos aventureiros que se iriam aproveitar da circunstância dolorosa para ampliar o furto e a desonra, mas que a nós interessavam as preocupações do amor e da caridade, atendendo ao apelo planetário de misericórdia aos Céus compassivos.

Menos de uma hora transcorrida, a reunião foi suspensa e mantivemos algum diálogo com os demais trabalhadores da Comunidade enquanto a Natureza respirava paz e bênçãos.

"Os nossos irmãos enfermos são as heranças do Calvário de Nosso Senhor Jesus Cristo, que os traz até nós, os herdeiros do Evangelho, a fim de que, acima de qualquer labor, amemos como se fossem filhos do nosso coração."

Manoel Philomeno de Miranda • Divaldo Franco

4

ESTUDO DAS ATIVIDADES

Naquela mesma noite, elegemos a linda copa de uma árvore conífera e, sob o céu nimbado de astros refulgentes, fizemos a reunião de estudos a respeito das atividades que deveríamos desenvolver na Terra, durante os dias afligentes da pandemia.

Após uma oração silenciosa, em que nos nutríamos da exteriorização do *prana* e das árvores em festa de luar, o Dr. Eudalbo usou a palavra, esclarecendo-nos:

– *Aqui estamos num grupo especial ao lado dos trabalhadores da luz e do amor, com o objetivo de auxiliar nossos irmãos em luta no processo da evolução.*

Mais cruel do que uma guerra, a pandemia em tela ceifará centenas de milhares de vidas, algumas em razão do natural processo de mudança moral do planeta para mundo de regeneração, *e outras que deverão partir para o exílio, após o período de convalescença nas respectivas comunidades às quais se vinculam.*

Já não respirarão a atmosfera da Mãe-Terra, que envenenaram com o seu comportamento extravagante e rebelde.

Desde há alguns anos que os estudiosos em virologia identificaram em animais o que passou a ser denominado coronavírus.

Os vírus são um dos capítulos mais complexos entre os organismos que existem na Terra. Muitos desconhecidos até o século XIX, quando Louis Pasteur, estudando a raiva, constatou que havia um micro-organismo que era transmitido após a dentada do animal afetado e que não se tinha como melhor conhecê-lo. Iniciava-se, então, uma das mais belas investigações na busca da identificação dos agentes microscópicos das doenças. Embora mais tarde se haja constatado que alguns parecem com fitas simples e duplas, um pouco longas para as suas proporções, existem hoje mais de 200 mil desses terríveis agentes infecciosos.

A sua formação é muito simples na sua estrutura e posteriormente descobriu-se que podem ser manipulados em laboratórios, apresentando mutações que geram dificuldades imensas para que sejam fabricadas as vacinas que os podem dizimar.

Em si mesmos são inócuos, necessitando de células de que se nutrem e se reproduzem com uma velocidade impressionante, por isso são considerados como parasitas intracelulares.

No caso em tela, o novo coronavírus, assim denominado pela sua forma de coroa, é de fácil contágio direto, através das vias oral, nasal e ocular do futuro paciente.

As investigações logo concluíram que se pode evitar a contaminação, quase sempre através das mãos, que recebem as partículas de espirros, tosse, contato direto, mas que as lavando muito bem com água e sabão, complementando a higiene com álcool em gel, consegue-se matá-lo.

Mantendo-se a distância em relação aos enfermos, pode-se precatar do contágio, porque a sua existência é relativamente breve, especialmente em ambientes quentes e com as substâncias químicas do sabão.

Eis por que se recomendam cuidados especiais, a fim de evitar-se o contágio, facilitando a extinção ou pelo menos a virulência terrível.

Pelo fato de se levar os dedos, as mãos aos olhos, nariz e boca, ele passa para o outro organismo e se adentra na corrente sanguínea, na busca da célula que o alojará, especialmente do pulmão, e prossegue na sua multiplicação incessante, levando o paciente à asfixia e à morte.

Pode ficar incubado até quinze dias, e o melhor período para o seu tratamento é quando surgem os primeiros sinais do contágio. Em outras vezes, pode contaminar sem produzir sintomas, tornando o seu portador alguém que contagia e não sente nada.

Quando instalado no organismo humano, produz muitas dores e sensações estranhas, desgastantes e cruéis.

Os muitos detalhes técnicos não nos interessam, por não fazerem parte do objetivo dos nossos estudos.

Seus grandes comparsas são o pânico, a irreverência de não se acreditar na sua letalidade, questões imunológicas, outras doenças, particularmente o diabetes, derrames cerebrais, problemas cardíacos, e a idade avançada, pelos óbvios motivos da falta de resistência orgânica. No entanto, atinge a todos, nos mais diferentes níveis de vida, desde a infância, passando pelos diversos períodos cronológicos.

Estávamos sinceramente interessados em conhecer mais este adversário da vida física, que encontra energia mantenedora nas condutas morais e espirituais dos seres humanos.

– *Curiosamente* – ele prosseguiu com a voz calma –, *não é fatal nos animais, que muitas vezes podem ser o seu veículo, como no caso do morcego, no histórico da tragédia atual.*

O equilíbrio mental, a irrestrita confiança em Deus, a oração ungida de amor, os esforços de caridade dão origem a anticorpos que impedem a fácil contaminação. Assim mesmo, ocorrem alguns dolorosos e lamentáveis contágios em médicos, enfermeiros, familiares amados, em decorrência dos impositivos das Leis Soberanas da Vida.

Silenciando, o nosso amigo Spinelli esclareceu-nos:

– *O nosso labor é de inspirar as pessoas às condutas saudáveis, ao abraço das diretrizes de segurança propostas pelas autoridades da saúde, manutenção do comportamento moral e da convivência doméstica, desenvolvimento dos sentimentos de solidariedade e respeito, cooperação e vinculação com o Mundo espiritual, desde que a viagem carnal é sempre temporária.*

Desnecessário elucidar que, neste momento de provações coletivas e testemunhos programados pela Vida, abrem-se os portões das regiões espirituais de sombra e dor, onde os grandes sofrimentos lapidam os Espíritos desassisados que volvem à Terra e se entregam a vinganças infundadas, a perseguições dilaceradoras e estimulam crimes e condutas perversas.

Cruéis obsessões que não puderam realizar antes, agora se utilizam do mundo em desorganização para que seja piorada a situação psíquica dos seres humanos e prossigam sob as suas injunções penosas em processos de depauperamento das energias e desencanto das existências.

Teremos que unir a compaixão e a caridade ao amor que disciplina e à justiça que não falha, de modo a apressar esses dias, tornando-os menos tormentosos, em demonstração vigorosa da proteção de nosso Pai aos Seus filhos transviados da estrada que conduz à Verdade.

Estaremos numa guerra: a nossa, pela paz; a deles, os irmãos infelizes, pela loucura que agita as regiões infernais *onde residem e terão que deixar, a fim de que a psicosfera do planeta seja beneficiada e possa alcançar um patamar de progresso mais elevado.*

Lamentavelmente, as criaturas frívolas estão debatendo-se na revolta ante as injunções e regras impostas por autoridades inquietas, inseguras nas decisões corretas, disputando compensações nos cargos que exercem, sem a real preocupação com a saúde das pessoas. Estatísticas incorretas, atitudes e propaganda do mal se alastrando, mediante a urdidura de informações falsas, com o objetivo de colheitas extravagantes para ganhos absurdos, sementeira do pânico e, ao lado da enfermidade perversa, danos psicológicos de complexa recuperação.

À medida, porém, que haja a queda da infecção no seu auge, temos que pensar nas consequências quando se normalize a situação. Com certeza, não mais teremos dias semelhantes aos passados. Novos comportamentos serão necessários, inusitados instrumentos serão colocados a serviço da sociedade e o mundo novo sairá dos escombros deste que irá desaparecer inevitavelmente.

Fazemos parte dos trabalhadores que estão preparando o futuro para a Humanidade, nós mesmos de retorno ao planeta querido e, por isso, todo o esforço e abnegação fazem-se necessários para instalar o Reino de Deus na Terra em regeneração.

Como se contemplasse o futuro anelado por todos nós, o querido amigo sorriu com suavidade e adiu:

– Quantas bênçãos vertem dos Céus na direção das consciências humanas com o conhecimento da imortalidade da alma e das Leis que regem o Universo!

Podermos unir-nos aos irmãos reencarnados e transmitir-lhes coragem e valor nesta hora difícil e noutras mais graves que, possivelmente, virão é uma honra que reconheço não merecer. Diante, porém, da Divina Concessão, hei de empenhar-me para trabalhar nesta seara e vê-la verdejante e luminosa, abençoada pelo Mestre de Nazaré.

No silêncio de reflexão que se fez naturalmente, um dos nossos membros, o irmão Cláudio, que era especializado na aplicação da bioenergia e portador de valores inestimáveis, inquiriu:

– Certamente encontraremos a problemática virótica em almas emaranhadas em processos obsessivos sutis ou graves, entre tormentos físicos e psíquicos lamentáveis. Como deveremos nos comportar em nosso trabalho de equipe?

O nosso querido Spinelli respondeu, gentil:

– Os nossos irmãos enfermos são as heranças do Calvário de Nosso Senhor Jesus Cristo, que os traz até nós, os herdeiros do Evangelho, a fim de que, acima de qualquer labor, amemos como se fossem filhos do nosso coração.

Buscaremos acalmá-los com passes reconfortantes e inspiração que lhes possam socorrer, evitando os pensamentos autodestrutivos e de violência, que pioram o seu estado de enfermos.

Em muitos lares nos quais nos adentraremos, convidados pelo pensamento espírita, nos louváveis estudos do Evangelho, de modo a criar vibrações defensivas para a família, buscaremos inspirar a confiança em Deus e o trabalho de auxílio material, especialmente aos esfaimados e desiludidos do caminho, em pesadelos de largo porte.

Havia uma psicosfera de ternura e de paz entre nós, ansiosos como nos encontrávamos para o serviço no amanhecer do dia imediato.

Nosso diretor, constatando que não havia mais indagação e compreendendo que o tempo urgia, solicitou à nossa irmã Malvina, médium portadora de belas faculdades que sempre foram colocadas a serviço do bem, para que exaltasse o Amor perene de Jesus, encerrando as experiências do dia.

Ela fazia parte do nosso grupo de trabalho e estava preparada para atividades pertinentes às suas possibilidades de intercâmbio mediúnico.

A nossa Malvina desencarnara com menos de 50 anos de idade, vitimada por insidiosa tuberculose no Rio de Janeiro, onde trabalhara ao lado da abnegada Aura Celeste, nos abençoados anos do século passado.

Era a sua primeira excursão conosco abraçando o objetivo que nos unia e nos trouxe às paisagens queridas do planeta, aqui ficando por um largo período, enquanto se fizesse necessário.

Antes de ser espiritista, a querida amiga fora católica sincera e cantara no coro da igreja que frequentava, especialmente alguns solos durante as solenidades da sua crença religiosa.

A gentil servidora levantou-se e, com uma voz de cristal, cantou *Ave Maria*, de Gounod, a todos comovendo.

Encerrada a atividade, demoramo-nos um pouco contemplando a Natureza no seu esplendor de noite enluarada.

Deveríamos buscar os nossos aposentos, a fim de meditar e repousar o pensamento, a fim de atender os deveres que teriam lugar na madrugada próxima na Comunidade.

Estávamos eufóricos e em grande expectativa de logo iniciar as tarefas programadas.

"A pandemia é muito mais séria do que pensam ou agem no planeta, explorando-a ou criando embaraços para a libertação dos seus males. Os descuidos e desrespeitos aos cuidados estabelecidos para evitar-se a contaminação têm aumentado os prejuízos causados, e surgem ameaças para a intemporalidade do seu término."

Manoel Philomeno de Miranda • Divaldo Franco

5

ESCLARECIMENTOS OPORTUNOS

Pessoalmente já conhecia a Comunidade Espírita que ora nos servia de refúgio e encantamento.

Tivera oportunidade várias vezes de a visitar e mesmo cooperar no seu programa de caridade fraternal, através da sua médium dedicada, a irmã Malvina, que era o instrumento por cujo meio fora erguida, com objetivos graves desde o século passado, há mais de cinquenta anos, uma organização de contínua comunhão espiritual.

Trabalhadora fiel do franciscanismo leigo, vinculara-se à tarefa de criar congregações espirituais nos tempos modernos em homenagem ao angélico santo de Assis.

Reencarnando-se quase sempre na feminilidade, deveria, desta vez, servir à Seara de Jesus com testemunhos severos e redentores.

No século XVIII, fora uma literata francesa brilhante, que muito contribuiu para a conquista dos ideais humanos, e apaixonada pela revolução. Consorciada com o duque X, ao sair da Catedral de Notre-Dame, após assistir à missa matinal, viu o esposo traído subir ao tablado onde estava erguida a guilhotina e, de imediato, ser decapitado.

Pareceu-lhe um tremendo pesadelo, e, não suportando o golpe cruel do destino, correu em desespero, sendo acoimada pela turba de miseráveis agressivos, em fuga alucinada, atirou-se às águas do Rio Sena, do alto da Ponte Marie...

Era o dia 4 de abril de 1792...

Após longo sofrimento no Mais-além, onde não encontrou o seu amado, reencarnou-se com alguns problemas orgânicos e expressiva mediunidade de efeitos físicos, que deslumbrava os investigadores e convidados especiais para as reuniões fenomênicas.

Eram aqueles os dias da Codificação Kardequiana, que não lhe mereceu qualquer consideração, inclusive sempre combatendo a reencarnação.

A sua foi uma existência relativamente breve, havendo retornado à Erraticidade aos 45 anos de idade, vitimada por enfermidade cruel...

De volta à Pátria espiritual e tendo-se em vista conquistas evangélicas que lhe exornavam o Espírito, renasceu em lar humilde com altas responsabilidades, a serviço do bem através do exercício da mediunidade com Jesus.

No Além-túmulo, a Doutrina Espírita fascinou-a, e lamentou não haver podido vivenciá-la quando médium portadora de peregrinas faculdades.

Interessou-se de tal modo, que realizou cursos e terapias magnéticas para a empresa que deveria desenvolver na atualidade, sob algumas consequências do autocídio, mediante a saúde oscilante.

Por haver pertencido à Ordem das Clarissas, no século XII, ainda no período da iluminada existência da fundadora, sob cuja bondade viveu no monastério, foi escolhida para trabalhar na construção de uma nova Úmbria, onde o amor aos infelizes, aos desamparados, às criancinhas abandonadas fosse a tônica, o objetivo básico da sua existência, ao lado, bem se depreende, da divulgação do Espiritismo.

Deveria reencontrar inimigos políticos poderosos do pretérito, que a crucificariam em difamações e suspeitas perversas, assim como adversários da fé religiosa que tentariam esmagá-la com aflições de largo porte.

De igual maneira, o *Poverello da Úmbria* dar-lhe-ia assistência pessoal, a fim de que lograsse êxito na sua jornada redentora.

A sua existência transcorria, pois, sob as bênçãos redentoras dos sofrimentos íntimos e mediante o trabalho intenso na mediunidade, tornando-se exemplo de fé e abnegação.

Nos dias em que iniciávamos os novos compromissos, encontramo-la debilitada e enferma, com doloroso diagnóstico de reumatismo infeccioso que lhe causava dores contínuas e debilitantes.

Concomitantemente, tendo-se em vista a psicosfera do planeta, era perseguida por Espíritos odientos que intentavam obstaculizar-lhe os labores de santificação.

Passava horas sob o acúleo de dores acerbas e também padecia a interferência malsã dos adversários do bem.

A todos, amigos e participantes da Comunidade, causava espanto vê-la sofrer, e, claro, nem todos os comentários eram edificantes, como sempre ocorre em situações de tal natureza. No entanto, resignada e otimista, mantinha-se fiel ao trabalho, sempre estimulando todos sem queixas e explicando serem dívidas que lhe pesavam na consciência e necessitavam de liberação.

Com a nossa estada, havia-se organizado um programa de socorro espiritual para amenizar-lhe os testemunhos e participar da imensa revolução espiritual, que se encontrava no clímax.

Desde o mês de abril de 2004, Entidades desencarnadas, adversárias do Cristo, declararam guerra ao Seu nome, ameaçando retirá-lO do calendário humano.

Uma campanha infeliz, muito bem organizada, fora deflagrada, e os espíritas, por serem os cristãos modernos através do *Consolador* que Jesus prometera e se encontrava na Terra, seriam ferozmente combatidos; ao passo que governos com filosofias materialistas levantar-se-iam com os povos avassalados pela depravação para vulgarizá-lO e levá-lO aos palcos do ridículo e da zombaria de baixos níveis morais e sociais.

Afirmavam que seria uma guerra sem quartel nem misericórdia, e todos vimos, de um para outro momento, a figura histórica e humana de Jesus e dos Seus serem levadas ao desdém e rebaixamento bem típico dos Seus antagonistas.

Em nome da liberdade de opinião, desencadeou-se uma perseguição incomum ao Cristianismo, por ser o oponente à devassidão e à destruição da família, corrupção da juventude e vandalismo de natureza ético-moral.

Assim sendo, foi assinalada uma reunião na sala mediúnica, na qual o irmão Gracindo, a nossa querida irmã e nosso grupo estaríamos laborando em favor da paz e da implantação do Evangelho nos corações.

No momento aprazado, reunimo-nos o grupo e os convidados sob a direção do administrador da Comunidade para a tarefa especial.

Havia um grande recolhimento interior quando, após a leitura de *O Evangelho segundo o Espiritismo* e a oração de abertura, foi trazido por devotados assistentes espirituais um indigitado ser deformado que tomou a organização mediúnica de nossa Malvina, e depois de esbravejar, interrogou, agressivo:

– *Que desejam de mim? Não admito comportamento de tal natureza, mesmo porque os senhores não me interessam. Ela, sim. Não a queremos morta, pois que seria uma irrisão, porém, viva e infeliz, esmagada pelas deformidades do corpo e por nós atenazada na mente e na emoção.*

O mentor, sério e grave, redarguiu com voz serena:

– *Tratamo-lo conforme as circunstâncias em que nos encontramos. Temos acompanhado a sua técnica vingativa e aguardávamos a oportunidade que hoje fruímos para demonstrar-lhe que a sua e a dos amigos é somente a força da brutalidade. Enquanto a vergastam, intoxicando-a com os fluidos venenosos de que são portadores, a vítima se eleva a Deus e nos ensina resignação e coragem na luta.*

Não poucas vezes, os guias espirituais que lhe conduzem a marcha pedem-lhe licença para que se lhe vinculem, assim liberando outros líderes e servidores da linha de frente *do Movimento Espírita e do bem, porque ela é excelente na captação que os segura, enquanto a obra prossegue sem perturbação...*

O visitante estrugiu zombeteira gargalhada e insistiu:

– *Antes trabalhávamos em favor da sua morte degradante. Era uma quimera, porque ela volveria ao grupo assim que se libertasse da matéria. Nossos superiores concluíram pelo esgotamento das suas forças, que a exaure e cansa os seus cooperadores por vê-la sempre enferma... Felizmente, fala-se muito sobre mediunidade, obsessão e seus quejandos. Mas sabe-se pouquíssimo a respeito dos seus mecanismos.*

O mentor ripostou:

– Você tem razão. Esses campos são muito complexos, mesmo para nós desencarnados, portanto, mais complexos para quem se movimenta nas engrenagens do corpo físico. Nada obstante, todos sabemos que, para a ocorrência dessa comunhão entre os dois lados da vida humana, há uma necessidade de sintonia, mediante a qual as operações são ou não bem-sucedidas.

A nossa irmã experimenta essas vicissitudes e o agravamento da sua enfermidade porque solicita, nas suas orações, servir de vítima, de modo que possa, com esse gesto, libertar outros servidores da evolução humana a desempenharem os seus compromissos.

Sabemos, por exemplo, que ante a dificuldade de poderem, o irmão e os seus comparsas, afligi-la diretamente, porquanto ela se movimenta em faixa superior de pensamento e de moral, que lhe permitem estar isenta às mensagens deletérias que lhe são enviadas, utilizam-se de pessoas inadvertidas e levianas para criarem embaraços. Esses distúrbios naturais, produzindo-lhe inquietação, diminuem-lhe as resistências vibratórias superiores e permitem que ela capte as aflições e padeça as problemáticas.

Tudo isto, porém, não diminui o seu ardor evangélico e o desejo de mais servir, o que lhe proporciona ganhar a simpatia dos Espíritos nobres, que prosseguem velando pela sua trajetória vinculada ao bem.

Ambos conhecemos essa manobra em que muitos frívolos se permitem ser instrumentos de perturbação para aqueles que necessitam de serenidade para atividades mais complexas e significativas. No entanto, no caso em tela, há um detalhe que nos abre a porta da convivência: é a afetividade.

Havendo experimentado a orfandade materna muito cedo, não recebeu o carinho que anela e, em razão do suicídio covarde, experimenta a solidão, embora não faltem aqueles que a desejam por diversos motivos. Astuta, no entanto, a "infame" tem podido manter-se solteira e suportar o azorrague dos desejos e das frustrações. Recentemente, porém, as leis passaram a trabalhar em nosso favor.

O indigitado sorriu misterioso e, não desejando ocultar os planos mefíticos de que estava investido, voltou à carga:

– O amor carnal é uma armadilha, mesmo para os mais hábeis indivíduos.

Ela já tivera ocasião de reconhecer afetos e almas afins com as quais, no passado, manteve ardorosas convivências. Esteve a ponto de cair, mas, inspirada pelo seu Pai Francisco, *resolveu a solidão pessoal... Agora, porém, esgotada pela doença, reencontra o Espírito querido, o duque de X, e sonha com algo impossível: receber-lhe o amor. Seria uma dádiva de felicidade, mas ele, o gozador, depois de uma juventude de dissipação, de sexo servil e mundano, encontra-se casado e muito bem casado. Ela sofre, e o cínico, que a identifica, anima-a sem palavras e depois a despreza, recebendo e dando carícia à outra, provocado por nós e pela sua própria forma de ser...*

Fez mofa da situação e continuou com refinada ironia:

– Estimulamo-la com cenas e ânsias de prazer, arrancando-a dos pensamentos que nos inibem e a atormentamos com uma libido que ainda se encontra em plena efervescência. O sexo reprimido é perverso, leva-a ao desânimo e à falta de objetivo humano, sofrendo a solidão física e emocional que devora a Humanidade.

Aproveitamos o seu estado emocional aturdido e mesclamos nossos fluidos com o seu reumatismo orgânico, aplicando através de telepatia, muito bem direcionada, golpes físicos *dilacerantes. A nossa questão é até quando a infame resistirá? Aqueles que a acompanham já se perguntam: "Qual é a doença dela hoje? Todo dia temos um capítulo tragicômico da novela do falso sofrimento".*

Isto ocorre porque as pessoas somente acreditam em sofrimento quando veem expostas feridas, desgastes fulminantes, variações de temperatura e sinais exteriores, mas quando se trata de aflição íntima, todos pensam que há exagero e manhas, fingimento.

Aproveitamos e inspiramos descrença, cansaço, animosidade com o que nos comprazemos...

E estrugiu sonora e zombeteira gargalhada.

O nosso dialogador, visivelmente emocionado, tomou-lhe a palavra:

– *Ouvimos com respeito a sua exposição* – esclareceu –, *sem qualquer interrupção, enquanto meditávamos nas suas palavras, cujos conceitos nos penetravam. Eu próprio estou acometido de compaixão, certamente não apenas por ela, mas pelo amigo insensato que se compraz em gerar padecimento, por certo, em razão de algum problema angustiante não resolvido no seu íntimo. E me compadeço da sua infeliz decisão, em gerar fortes aflições para o próprio futuro. As dores da nossa Malvina procedem, e ela recupera-se bem. Sabe que são efeitos de conduta malsã, mas o amigo, ainda iludido nas incendiárias paixões do corpo físico e nos pesadelos da vingança, semeia cataclismos para o futuro do qual ninguém se exime.*

Deve haver um motivo pessoal de sua parte, para ter aderido aos vingadores, *pois que, do contrário, não participaria de uma luta que não fosse sua.*

Naquele momento, o rosto da médium experimentou uma tremenda mudança, tornando-se verdadeira máscara de ódio, enquanto os olhos esbugalhados nas órbitas eliminavam torpes vibrações de cólera contra o orientador e tentava agredir a médium com socos, que foram impedidos de alcançar-lhe o corpo, graças à emissão de ondas de simpatia originadas no irmão Cláudio, técnico em produção de ondas vibratórios de saúde e de paz.

Tentando expressar-se sem o conseguir, sacudia o corpo do instrumento mediúnico e irrompeu numa torrente de acusações:

– Esta miserável estava em Corinto, em 1571, quando da batalha de Lepanto. Eu pertencia, então, ao Império Otomano e fui convocado, porque o nosso objetivo era a conquista da ilha de Chipre. Pessoalmente eu vivia na cidade de Patras, no sudoeste da Grécia, e, depois da batalha, fui transformado em escravo dessa infame que, então católica, maltratou-me até a morte por exaustão.

Reinava o Papa Pio V, que venceu a batalha graças ao comando de Dom Juan de Áustria, naquele terrível dia de 5 de outubro de 1571.

A matança foi tão grande de ambos os lados, que as águas do golfo ficaram vermelhas, como nunca se vira antes. Mais de 15 mil otomanos morreram e aproximadamente 9 mil cristãos perderam a existência naquela batalha que ficou histórica pela crueldade e inclemência dos acontecimentos...

Desde então, temo-nos reencontrado uma ou outra vez, e a miserável sempre me escapa... Agora que faço parte do grupo de justiceiros contra o infame Crucificado, disponho de recursos valiosos para arrebatá-la, e, para tanto, conto com amigos da nossa região, onde nos refugiamos desde épocas já distantes.

À medida que falava, as últimas palavras foram ditas com dificuldade e horror, acontecendo algo de criar receios, porque o rosto da médium continuou em transformações deformadas, como se fosse de cera, e, no ardor dos sentimentos em relembrança, desmanchava-se sob ação de alguma força de calor...

Vimos que o irmão Spinelli aproximou-se de Amália, a médium que nos acompanhava, e ela começou a exteriorizar pelo nariz e lábios entreabertos uma alta dosagem de ectoplasma, que se alongou até Malvina e lhe envolveu a face... Poucos minutos transcorridos nessa metamorfose, e o comunicante transformou-a em um ser lupino a babar e emitir sons terríveis. Odores pútridos de cadáveres invadiram a sala e vimos levantar-se diversos Espíritos em estado lamentável de decomposição, como se nos encontrássemos num cemitério e eles saíssem das sepulturas em sombras, compondo um bando macabro de gênios do mal, sob o comando da Entidade comunicante, que lhes gritava expressões para nós incompreensíveis, como se nos devessem agredir.

Nesse momento, o venerando Espírito Eurípedes Barsanulfo apareceu nimbado de claridades espirituais e, acompanhado por diversos luminares da Espiritualidade, que modificaram a psicosfera ambiental, fazendo paralisar a agressão dos sofredores hebetados e acercando-se do *chefe* em loucura, falou-lhe docemente sobre Jesus, explicando que o Mestre o buscava desde há muito tempo e aquele era o momento preparado para o seu retorno ao rebanho.

Era constrangedora a cena em que a luz do amor envolvia o alucinado, perispiritualmente degenerado, agora voltando à forma humana de que se utilizava, porque a perdera antes e sabia manipular as diversas manifestações.

– *Você, como todos nós* – expôs o Apóstolo Sacramentano –, *somos filhos de Deus, que nunca nos abandona e que nos entregou a Jesus para conduzir-nos docemente ao Seu rebanho.*

Naquele estado, passou a chorar em forma de urros, no que foi acompanhado pela malta imensa de *escravos mentais* obsidiados pelas suas forças maléficas.

– *Jesus é sempre Amor e Misericórdia* – prosseguiu Eurípedes –, *que compreende a fraqueza do barro orgânico das reencarnações envoltas em orgulho e despautério, responsáveis pela fraqueza moral de todos nós.*

Tem bom ânimo e recupera o tempo perdido, a partir de agora neste reduto de socorro erguido em Seu nome, para que recomeces o processo de evolução interrompido pelo ódio e desejo nefando de vingança.

Vimos entrar um venerável Espírito que nos evocava os rabinos terrestres, e, parecendo atender o pensamento de Eurípedes, distendeu os braços ao comunicante combalido e o deslindou dos fluidos da médium, conduzindo-o a alguma sinagoga espiritual onde recomeçaria a sua trajetória de redenção.

Ato contínuo, Espíritos auxiliadores que se encontravam na sala, recolheram com carinho os espectros atoleimados que gritavam e choravam dolorosamente.

Eu me encontrava em profunda concentração como todos os demais, porquanto jamais tivera oportunidade de participar de alguma experiência daquele porte.

Esse mundo estranho e sublime da imortalidade ensejava-nos, mais uma vez, fenômenos totalmente inesperados e estranhos ao nosso comportamento diuturno...

O diretor, após breves considerações e passes reconfortantes em Malvina, que recuperou a lucidez bastante abatida, algo ofegante, recompôs-se, e a reunião foi encerrada com oração comovente de gratidão aos Céus por todos os sucessos daquela hora.

A minha mente esfervilhava de interrogações que não podia apresentar naquele momento, contentando-me a dita de haver sido convidado a servir no anonimato que a caridade nos impõe.

Saímos em silêncio, demandando nossos aposentos, e cada qual retornou aos seus destinos.

Desde a chegada à respeitável Instituição que notara uma particularidade especial: a presença de muitos Espíritos dedicados ao bem, que foram na Terra os inesquecíveis Templários.

Indagando ao amigo Spinelli, ele me explicou que grande número de pessoas que fundam sociedades espíritas na Terra, especialmente no Brasil, dedicando-se à caridade nas suas mais complexas expressões, vinha da Igreja Católica do passado, que também havia criado conventos, monastérios, instituições de auxílio cristão, mas que lamentaram em razão do egoísmo, da ignorância das Leis Divinas, apegadas ou não aos dogmas a que se submetiam.

Por volta do ano 1119, um grupo de seis cavaleiros, sob as bênçãos do governador de Jerusalém, reuniram-se para trabalhar em favor das pessoas sofredoras e para protegerem a cidade, na condição de humildade e pobreza.

Posteriormente, por volta de 1128, foi apresentada no Concílio de Troyes a Ordem dos Pobres Cavaleiros de Cristo e do Templo de Salomão.

Envolveram-se em diversas batalhas e eram constituídos por cavaleiros europeus e monges com formação militar.

Foram poderosos, o que despertou inveja em alguns países, que passaram a temê-los e a persegui-los, qual ocorreu com Felipe IV da França, que os prendeu e mandou queimá-los vivos em 1307.

Por sua vez, o Papa Clemente V resolveu dissolver a Ordem, acusando os seus membros de perversões sexuais, feitiçaria e outras aberrações para a época. Foram queimados vivos e encerrada a Ordem em 1312.

Havia abusos do poder e da conduta, sem dúvida, mas alguns eram profundamente devotados à Causa do Cristo e à libertação de Jerusalém, em razão da ignorância histórica e da intolerância medieval.

Renasceram muitas vezes, tentando restaurar a fé e, na atualidade, vemos muitos deles à frente de respeitáveis instituições de caridade iluminadas pelo Espiritismo e a verdadeira fé raciocinada.

Outros permanecem no Mais-além vinculados aos seus cômpares, que estão no mundo, e tornam-se protetores desses abençoados núcleos de amor, que atendem com coragem, abnegação e renúncia.

A sociedade, na qual nos encontramos, tem as suas raízes nas obras de São Francisco de Assis e de Hugo Peyens, um dos fundadores da Ordem dos Templários.

Eis por que o apoio dos Templários desencarnados é muito grande, cooperando sempre que se faz necessário, em favor da divulgação e vivência do Evangelho de Jesus.

Através da História, eles sempre estiveram auxiliando, desde a Erraticidade, os trabalhadores do bem e investindo na dignificação da crença e no trabalho de libertação das paixões humanas.

De maneira idêntica, organizações beneficentes da Humanidade no passado continuam cooperando na Terra, especialmente neste momento muito grave da sociedade.

A pandemia é muito mais séria do que pensam ou agem no planeta, explorando-a ou criando embaraços para a libertação dos seus males. Os descuidos e desrespeitos aos cuidados estabelecidos para evitar-se a contaminação têm aumentado os prejuízos causados, e surgem ameaças para a intemporalidade do seu término.

Não serão através das atribulações e malversações morais das políticas, as notícias mentirosas e assustadoras que a Humanidade voltará ao seu ritmo equilibrado de existência. É provável que demore mais tempo do que pensam os sonhadores e os profetas de ocasião.

Esses fenômenos periódicos que assolam o planeta e os seus habitantes são sempre advertências muito graves que procedem de Deus, em convite rigoroso à mudança de hábitos e de comportamentos.

Aqui estamos na linha de trabalho com os companheiros terrestres, porque o Amor de Nosso Pai nunca nos permite a solidão nem o abandono.

No entanto, é necessário que haja uma correspondência de sintonia e de dever, sem os sonhos mirabolantes de milagres e de vitórias sem lutas.

Cuidemos de estar atentos.

Amanhece...

"Quando não se tem ideia de como transcorre a existência física, muito difícil faz-se a libertação dos vínculos que unem o Espírito à matéria, havendo a ruptura brusca, que não impede a continuação dos fenômenos de decomposição serem percebidos e sentidos muito tempo depois da morte do corpo. Por isso, morrer não significa desencarnar imediatamente, o que se dá com mais vagar, à semelhança do que ocorre por ocasião da reencarnação, cujo processo é lento e progressivo."

Manoel Philomeno de Miranda • Divaldo Franco

6

ACLARANDO ACONTECIMENTOS

Deveríamos visitar um hospital público que se preparara para receber pacientes vitimados pelo novo coronavírus. Os maiores cuidados haviam sido dedicados à área das UTIs, devidamente munidas com os aparelhos respiratórios.

Havia uma dolorosa expectativa no ambiente. A preocupação em separar os portadores da pandemia dos demais pacientes criara um ambiente de receios injustificados. Tanto os médicos, qual ocorria com os enfermeiros, mantinham-se em cautela e muita vigilância, a fim de evitarem ser contaminados.

A movimentação era expressiva, vale dizer, de encarnados, assim como de desencarnados.

Pais, familiares e outros aflitos acorreram do Mundo espiritual para visitar os parentes que se encontravam sob suspeita, aguardando o resultado dos exames a que foram submetidos.

Concomitantemente, Espíritos sofredores buscavam inquietos as pessoas amadas, sem conhecimento real do seu estado. Havia também a presença de vampirizadores do Além, em processos de lamentáveis obsessões.

O irmão Spinelli informou-nos que aquele seria o laboratório para as nossas experiências transcendentais e concitou-nos a orar na sala do diretor, de modo que deveriam espalhar-se as vibrações de bem-estar que pudéssemos produzir.

Recolhemo-nos interiormente, rogando ao Médico Sublime Sua Misericórdia e proteção.

Terminada a prece, saímos em grupo e acompanhamos uma jovem auxiliar de enfermagem que conduzia o resultado dos exames que chegavam do laboratório governamental. Havia tristeza e ansiedade no seu semblante, e ao entregar o documento ao diretor do hospital, afastou-se, enquanto ele tomava conhecimento da ocorrência grave esperada e, ao mesmo tempo, desagradável.

Dos 13 exames de pacientes que se haviam internado antes, 8 eram positivos para a Covid-19.

A notícia espalhou-se como um rastilho de pólvora, procurando-se de imediato a retirada de alguns pacientes da enfermaria em que se encontravam e conduzi-los para a sala reservada especialmente para a virose temível.

Uma dama de 30 anos presumíveis foi dominada pelo desespero e, lamentando-se, afirmava que iria desencarnar, porque era portadora de diabetes em estado avançado.

O médico acercou-se-lhe e mui tranquilamente lhe explicou que estava sendo atendida em tempo e que o seu organismo jovem resistiria, superando a infecção.

Chamou-me a atenção um cavalheiro de aproximados cinquenta anos, que mergulhou no silêncio da oração e entregou-se à Providência divina, atraindo, de imediato, venerando Espírito que o envolveu em vibrações de paz e de coragem.

Os demais se deixaram dominar pelas lágrimas e algumas reclamações, exprobrando o governo, denominado de negligente e transferindo a responsabilidade por encontrar-se ali.

Afirmavam que as autoridades governamentais já sabiam da pandemia com as suas garras assassinas, e que, ao invés de resguardarem as pessoas de aglomerações e meios fáceis de contágio, estimularam os prazeres do Carnaval, e ali estavam as vítimas dos folguedos perniciosos. Não se davam conta de que a responsabilidade é de cada um, porquanto todos estamos conscientes do perigo de contágio de enfermidade de tal porte desde antes do Carnaval anunciada.

Sucede que os prazeres servis ainda merecem mais atenção do que os deveres austeros, e o conceito infeliz de muitos latino-americanos de que *neles nada pega,* como se fossem constituídos de matéria especial.

Alastrava-se a doença depuradora da sociedade em todo o mundo, e no Brasil começava com fome cruel, encontrando a cultura leviana de muitos e a falta de compromisso com a vida.

No gabinete do diretor, diversos médicos discutiam a respeito de qual a terapêutica melhor recomendada para os pacientes inseguros.

Discussões politiqueiras de baixo nível esqueciam as vidas humanas para cuidar dos seus interesses mesquinhos e venais.

Alguns desses esculápios, que já vinham aplicando medicamentos que deram bons resultados nos casos da

Espanha e da Itália, consumidas pelo surto feroz, deixavam de lado as brigas e ofensas políticas para encontrar uma solução de emergência, enquanto os laboratórios do mundo trabalhavam na produção da vacina salvadora.

Passamos as horas da manhã atendendo os irmãos contaminados, auxiliando-os no equilíbrio do sistema imunológico e principalmente da harmonia íntima, intuindo-os a buscarem a oração que lhes daria forças para a conquista dos resultados felizes.

Num momento em que fiquei a sós com o nosso Spinelli, comentei a respeito da reunião mediúnica da noite anterior.

Entre os fenômenos que me surpreenderam, chocou-me o aparecimento dos Espíritos que emergiam do solo transformado num cemitério com os seus aspectos atoleimados e infelizes. Perguntei-lhe se a cena que aconteceu na sala em que estávamos havia sido transportada de alguma região onde os Espíritos se encontravam ou como aconteceu o aparecimento da cena estranha e apavorante.

Pacientemente, explicou-me:

– Recorde-se, o caro Miranda, que a psicosfera ambiente no local da reunião modificou-se expressivamente à forma como se encontrava no início da atividade.

Quando os irmãos apareceram, traziam as lembranças dos lugares em que viviam e o pensamento firme de todos condensou no local em que então se encontravam, repetindo a paisagem dantesca em que viviam. A força da mente acostumada a determinadas circunstâncias e acontecimentos dá-lhes vida à medida que memoriza e vivencia. Todos ligados entre si pelos mesmos crimes e feitos, assim como pelas mesmas situações de resgate penoso, criam por ideoplastia os cenários e as circunstâncias que lhes são familiares.

– *E o fenômeno de transformação* – indaguei – *para a fase lupina, que teve lugar no comunicante, como explicá-lo?*

– *Nosso irmão de tal forma degenerou o perispírito, nos sucessivos anos de horror que se tem permitido, que passou a sentir-se como um lobo construído pela perversidade dos seus atos. Tem na mente, no entanto, a sua forma anterior, que lhe ficou na memória como sendo máscara conveniente. Enquanto blasonava, procurando argumentos falsos para esconder os sentimentos reais, a aparência era preservada, mas, à medida que se permitiu apresentar-se como se sente, ou como está interiormente, a forma de ser humano foi diluída pela força interior do vampirismo e passou a usá-la.*

Neste momento, mantém a deformidade que irá sendo modificada à medida que se comunique mediunicamente e o seu perispírito recupere a expressão humana, através do arrependimento sincero e da renovação interior.

O longo processo de construção do ódio com todos os seus ingredientes de vingança condensou os fluidos emitidos e construiu as formas terríveis que inspira pavor, e somente através de uma real mudança emocional e mental podem ser diluídas essas construções aparvalhantes.

Após a comunicação mediúnica da noite passada, fluidos novos foram ingeridos e formas-pensamento diversas irão assomar do inconsciente profundo, reconstruindo a realidade humana que lhe caracterizou a última existência terrestre.

O pensamento é sempre a fonte e a sede das construções do ser sob qualquer aspecto considerado. Por isso, o Mestre Jesus sempre recomendou temperança e perseverança no bem, a fim de que as vinculações com a Divina Transcendência facultem o prosseguimento da ordem e da paz. Tudo quanto se pensa, de acordo com a intensidade mental da ideia, adquire forma e vida. *As incontáveis construções mentais espalham-se por toda parte, gerando formas-pensamento e até mesmo regiões específicas no baixo-astral ou nas Regiões formosas.*

Vivemos num mundo de energia que se amolda à onda mental, dando lugar a formas transitórias que o tempo cristaliza e se tornam material...

Vejamos a nossa presença real nesta saleta em que não somos detectados pelos reencarnados e, nada obstante, estamos percebendo, sem atropelamentos, as ocorrências que aqui têm lugar. Invisíveis *somos, entretanto, tangíveis, porque temos peso atômico e volume próprio, graças ao envoltório do perispírito, que nos modela a aparência. Podemos registrar aqui, o que ora percebemos, como também, com um pouco de fixação da mente, acompanhar regressivamente tudo quanto aqui ocorreu, porque está impregnado nas diferentes faixas e ondas vibratórias.*

Ouvimos, nesse momento, alguns gritos e correria na direção do apartamento ao lado. Não somente as pessoas como alguns Espíritos fomos atraídos e, ao nos adentrarmos, defrontamos uma paciente visivelmente incorporada por um inimigo espiritual que a dominava.

Tudo acontecera rapidamente. Ao ser notificada que estava confirmado o diagnóstico da Covid-19, ela se contraiu e, dominada pelo medo da morte, começou a desarmonizar-se interiormente, quando o adversário que a persegue, há algum tempo, utilizou-se das circunstâncias para provocar uma grave reação, perfeitamente dispensável. Agitou-se e começou a debater-se nas mãos dos enfermeiros, que logo pensaram ser uma crise emocional, como realmente o era, e de imediato aplicaram-lhe uma alta dose de calmante, deixando-a prostrada.

O irmão Cláudio aproximou-se da paciente e, aplicando-lhe energias restauradoras, afastou o invasor, que foi controlado pelo nosso mentor, enquanto ela passou a dormir sob a ação do medicamento e dos fluidos.

Foi transferida imediatamente para a parte do hospital em que poderia ficar com outros enfermos, sem o perigo de contaminação a outros pacientes.

Ao sair da sala, em pleno corredor que levava à UTI, onde já se encontravam pacientes sendo atendidos com o respirador artificial, um deles, porém, sexagenário, com uma história clínica mais grave, porque cardíaco, experimentava a asfixia, proveniente do pulmão totalmente impossibilitado de cumprir sua função, graças às colônias maciças do vírus na sua volúpia devoradora. O coração pulsava com imenso esforço para bombear o sangue, e começou a falhar. O rosto congestionado pela asfixia e os olhos um pouco fora das órbitas denunciavam a presença da morte, o que se deu inexoravelmente.

O irmão Spinelli aproximou-se do cadáver, enquanto os funcionários tomavam as providências compatíveis, e apontando os brônquios e as câmaras pulmonares, elucidou penalizado:

– *Que tragédia, a do vício do tabaco! Nosso irmão é considerado como suicida indireto, por haver submetido o seu organismo à pressão das substâncias químicas do cigarro, que lhe destruíram os alvéolos delicados, impedindo-os de manterem as suas funções vitais.*

Observamos que Espíritos viciosos de péssimo nível moral acercaram-se do cadáver e arrebataram o recém-desencarnado, antes da eliminação das últimas energias vitais do organismo.

– *O pobre amigo* – continuou Spinelli – *despertará e passará a viver um verdadeiro pesadelo, pela ignorância da ocorrência do fenômeno que acaba de suceder. Os suicídios indiretos no mundo são em número colossal, porque tudo que atenta contra a saúde, o bem-estar, o equilíbrio do organismo na vilegiatura carnal é uma agressão que culmina por derrotá-lo.*

Merece considerar que os vícios e atentados materiais à saúde impregnam o perispírito de miasmas destrutivos, facultando espaço para a instalação de muitas enfermidades ou, simplesmente, por somatização, ensejando enfermidades que não se encontravam na ficha evolutiva do ser.

Igualmente, os hábitos mentais perniciosos, as conversações vulgares e tóxicas, as culturas do pensamento negativo geram vibriões *e* bactérias psíquicas, *que diminuem as forças do equilíbrio e da resistência humana, favorecendo a instalação de muitas enfermidades e transtornos emocionais.*

É indispensável que as fontes do pensamento sejam vigiadas, a fim de que das suas nascentes não surjam elementos destrutivos responsáveis por incontáveis males que perturbam os seus cultores.

Nesse momento, deu entrada um paciente em lastimável situação, porquanto a enfermidade já lhe tomara a organização respiratória, com grande prejuízo para a função cardíaca, em disritmias acentuadas.

Nosso mentor convidou-nos a acompanhá-lo à unidade de terapia intensiva, que estava em grande movimentação. Já se encontrava com metade dos leitos ocupados e pairava no ar um tipo de expectativa pessimista.

O novo paciente foi acomodado ao leito e, de imediato, passou a receber o auxílio do respiradouro artificial.

Os danos causados pelo vírus eram muito graves, e a assistência espiritual do enfermo era de péssima qualidade.

Algumas Entidades odientas maldiziam-no e o ameaçavam de forma impiedosa, anunciando o seu próximo desenlace para o reencontro além do corpo com as consequências lamentáveis.

O desencarnando, apavorado com a consciência de que chegara o seu momento fatal, inevitável, deixava-se dominar pelo desespero que mais o perturbava. A desencarnação deve ser um momento de serenidade, a fim de que a ruptura dos liames que vinculam o Espírito à matéria densa seja suave, diluindo-se pela falta do fluido vital, que mantém a existência orgânica.

Quando não se tem ideia de como transcorre a existência física, muito difícil faz-se a libertação dos vínculos que unem o Espírito à matéria, havendo a ruptura brusca, que não impede a continuação dos fenômenos de decomposição serem percebidos e sentidos muito tempo depois da morte do corpo. Por isso, morrer não significa desencarnar imediatamente, o que se dá com mais vagar, à semelhança do que ocorre por ocasião da reencarnação, cujo processo é lento e progressivo.

"O conhecimento do Espiritismo auxilia e proporciona bênçãos de incalculável significado para a existência, por educar o ser e ajudá-lo a crescer na direção do infinito sem amarras que o retenham na retaguarda."

Manoel Philomeno de Miranda • Divaldo Franco

7

O GRANDE ENCONTRO

A ausência de valores espirituais para o ser humano é uma infelicidade de terrível dimensão.

Ainda não se lhe havia diluído o último liame com o corpo, havendo permanecido a ligação com o chacra coronário, e os inimigos espirituais lançaram-se sobre o corpo inanimado, tentando arrancar o Espírito apavorado, que gritava de maneira chocante. Dava-se conta do fenômeno final no corpo, mas não sabia como evadir-se da agressão de três Entidades muito vingativas que lhe disputavam os despojos.

Um deles, mais feroz, agrediu-o com socos e blasfêmias, tanto quanto com acusações terrificantes.

Afirmava-lhe que esse era o momento do desforço que se deveria prolongar indefinidamente. Violento e venal, apresentava os outros dois com aspecto monstruoso, que sorriam em esgares chocantes.

Uma nuvem escura envolvia-os como resultado das emanações psíquicas do grupo, num quadro de desespero e aflição inomináveis.

Desejavam arrastá-lo, mas a vinculação com o organismo em degenerescência impedia-o de arrebatá-lo do recinto em que se encontrava.

Aquele quadro dantesco ocorria enquanto o corpo era retirado para o necrotério do hospital, sendo colocado em um saco de plástico para posterior remoção.

Os familiares, alguns encontravam-se na sala de recepção, foram notificados, mas não tiveram a oportunidade de ver o cadáver, em medida preventiva de contaminação.

Nosso orientador Spinelli explicou-nos que nada poderíamos fazer, exceto orar, em razão do estado emocional do irmão recém-desencarnado, cuja existência não fora das mais equilibradas, o que proporcionava a situação presente.

Com a remoção do cadáver, também seguiram na luta de exploração dos despojos e consequentemente das futuras cobranças, como efeito do seu comportamento existencial.

Morrer é um fenômeno de alta magnitude com o consequente desencarnar, quando o Espírito se liberta dos despojos de que se beneficiou durante a existência física.

A cada instante morrem milhões de células que são substituídas, e o momento final é o resultado da fatalidade biológica que reconduz o ser às suas origens.

Desse modo, deve-se viver no corpo com a consciência da transitoriedade dos órgãos, mantendo-se o nível mental em elevadas reflexões, de maneira a sintonizar com as Esferas superiores, conservando-se distante do lixo vulgar das paixões asselvajadas, mantidas pelas mentes perversas da Erraticidade.

É muito mais difícil do que se imagina a libertação da influência dos Espíritos inferiores, porque isso depende das construções mentais do encarnado, dos hábitos interiores que facultam a vinculação entre ambos. Por essa razão, a educação moral tem um papel de grande importância na existência de todas as criaturas. A Doutrina de Jesus é toda direcionada para a vida futura, a da imortalidade, que é real em relação à física de natureza temporal.

O conhecimento do Espiritismo auxilia e proporciona bênçãos de incalculável significado para a existência, por educar o ser e ajudá-lo a crescer na direção do infinito sem amarras que o retenham na retaguarda.

As horas passavam céleres no hospital com a chegada de pacientes, visitantes e trabalhadores das diversas áreas.

Ao cair da tarde, seguimos em direção ao nosso centro de atividades, porque naquela noite deveríamos participar de um grande encontro em outra cidade, quando nos reuniríamos todos aqueles que fazíamos parte do projeto no qual nos encontrávamos empenhados.

A pandemia espalhava o pavor na Itália e na Espanha, sucedendo-se as mortes e as acusações de autoridades de uns contra as de outros países, assim como em cada um faltando a lucidez para encarar o gravíssimo problema de saúde pública de maneira cautelosa e segura, buscando-se nas conquistas da ciência médica as respostas para as providências preventivas e curadoras.

Infelizmente o ser humano está sempre mais preocupado com as aparências do que com as responsabilidades, e enquanto o anjo da desencarnação percorria as ruas do mundo, ceifando existências, as pessoas buscavam escusas para justificar-se, como se elas pudessem resolver a gravidade do problema.

Instituições religiosas e grupos sociais logo se deram conta dos prejuízos que tomavam conta das vidas humanas, evocando a *gripe espanhola,* possivelmente a mais terrificadora peste que invadiu o globo, contaminou quinhentos milhões de pessoas, por as haver ceifado e pela maneira cruel com que recrudesceu, arrastando-se por mais de dois anos...

A preocupação do nosso mentor era indisfarçável, por saber do divino programa de evolução para os seres da Terra, que se estavam permitindo eleger aquele que era mais sinistro pelas circunstâncias e letalidade de que se fazia portador.

Repousamos algumas horas, mantendo diálogos esclarecedores sobre a Misericórdia Divina sempre presente e as nossas atividades, na condição de servidores do Senhor em relação às suas *ovelhas* reencarnadas.

Mais ou menos à meia-noite e meia preparamo-nos para seguir a uma bela cidade do sul do país, onde todos nos encontraríamos fiéis ao programa de amor e de compaixão.

A noite respirava tranquilidade na sua beleza incomum, enquanto os seres humanos estertoravam nos tugúrios ou mansões onde se encontravam, cercados uns pela miséria de toda ordem, entre crimes e abandonos, assim como outros refestelavam-se nos excessos e tormentos humanos, defluentes da ignorância moral e do atraso espiritual.

Quando chegamos ao local, a Natureza parecia haver preparado o ambiente em luar sobre as ondas e as cargas sucessivas do plancto, que se alastrava pela praia adornada pelas rendas das espumas, e a distância a cidade adormecida estuante.

Não tivemos dificuldade de encontrar outros grupos simpáticos de Espíritos que foram espiritistas na Terra e haviam sido designados para o encontro da solidariedade.

Todos estávamos entusiasmados com o programa a executar, embora as preocupações e responsabilidades decorrentes do empreendimento.

Iriam ser utilizados os espaços físicos da arena de desportos, em razão da sua imensa capacidade de reunir pessoas de ambos os planos da Vida.

As sombras densas que constituíam a psicosfera local estavam esgarçadas, em face das novas mentes que ali se encontravam e emanavam pensamentos de alta edificação, que iam substituindo os costumeiros, defluentes da sua constituição de nível inferior.

Podíamos ver o brilho das estrelas e franjas do luar sobre o mar relativamente próximo.

Havia um grande número de orientadores desencarnados que explicavam onde e como todos deveríamos alojar-nos.

Tratava-se de um programa elaborado para o Brasil. Desnecessário dizer que, de acordo com o fuso horário, em outras nações já havia acontecido ou estava para acontecer o importante evento sob a presidência espiritual dos seus mentores.

O inimigo comum era a ignorância a respeito da pandemia que se alastrava rapidamente, ameaçando de destruição as vidas preciosas dos seres humanos.

Os laboratórios apressavam-se em criar uma vacina com rapidez imensa, encontrando dificuldade na constatação das mutações do vírus.

É claro que, já se anotava a recuperação de um e de outro paciente, especialmente os denominados da *linha de perigo*, idosos e portadores de outras enfermidades que os enfraqueciam.

O seu conhecimento era ainda muito superficial porque já atacava jovens de todas as faixas de idade, como também os mais velhos com menos resistências imunológicas.

À hora aprazada, o imenso auditório arredondado estava repleto, e no centro do gramado haviam sido colocados uma mesa para convidados, a tribuna transparente e aparelhos que lembravam equipamentos de transmissão sonora para que a voz alcançasse todo o recinto num tom agradável.

Atrás da mesa havia um coral de adultos que, logo após estar o ambiente preparado, cantou o *Aleluia,* de Händel, e *Ave Verum Corpus*, de Mozart.

As vozes harmônicas exaltavam o Senhor e evocavam a melodia da Idade Média, trabalhada pelo insigne músico austríaco.

A prece de abertura foi proferida pelo mestre de cerimônias, que, logo após, transferiu a palavra ao dirigente da solenidade. Era o próprio guia espiritual do Brasil, que se levantou comovendo a multidão antes de enunciar uma sílaba.

Dele exteriorizavam-se energias suaves que dominaram o imenso auditório em profunda concentração.

O tom com que se expressava era suave e austero, levando-me a imaginar a dúlcida voz de Jesus ao proferir o *Sermão da Montanha.*

As palavras eram sons especiais que se faziam audíveis e eram entendidos, não, porém, como nos é habitual escutar, mas de maneira que penetrava o nosso íntimo e balsamizava os sentimentos.

Ouvia-se o respirar da Natureza e a melodia harmônica, à semelhança de um canto gregoriano, num belo e incomparável texto de advertência para o momento grave que instalara no planeta, como também as vibrações atingiam as comunidades espirituais em sua volta.

Muito difícil estabelecer o tempo em que estivemos em estado superior de concentração, quase em êxtase, quando escutamos textualmente.

– *Ave, Jesus! Aqueles que vos amamos aqui nos encontramos para vos servir em qualquer circunstância até o fim dos evos!*

A sua mensagem, que não nos atrevemos a sintetizar, penetrou em nosso mundo íntimo, como se fora um bálsamo perfumado que jamais desaparecia, por haver atingido o âmago do ser.

Havia tanta magia e encantamento nos *ditos indizíveis,* que eu não tinha como expressá-los na linguagem comum.

Era um êxtase coletivo sob o comando da Imortalidade!

Sentou-se e a irradiação sublime do seu amor continuou vitalizando-nos no grande silêncio que dominava o espaço.

O mestre de cerimônia, ainda visivelmente comovido e com um grande respeito, agradeceu em nome de todos que nos encontrávamos, assim como da alma do Brasil e anunciou o próximo orador. Tratava-se do Dr. Adolfo Bezerra de Menezes Cavalcanti, que se levantou, gentil, e aproximou-se da tribuna exalando simplicidade e pureza do coração.

A beleza do espetáculo era de tal ordem, que não se podia pensar nas tragédias e sofrimentos que mutilavam as vidas fora do recinto.

As estrelas pareciam crisântemos de luz prateada fulgindo no alto e diminuindo a escuridão turquesa da noite balsamizada pelas vibrações que se espraiavam do recinto.

Com a voz doce, sem perder a austeridade, o *Médico dos Pobres* deu início à sua peroração.

Saudando com respeito Ismael e os componentes da mesa, prosseguiu:

– Filhos da Luz Divina:
Louvado seja o Senhor por todos nós!

Ante o silêncio da noite serena, o pensamento de Deus escrevia na partitura da Natureza as notas sublimes do Amor, compondo a sinfonia da Misericórdia.

A balada nos penetrava os poros do Espírito e música encantadora os nossos sentimentos, tornando-nos partes integrantes da excelsa melodia.

– Nesta soberana composição também ressudam as vozes humanas em descompasso pelas dores insuportáveis dos fenômenos angustiantes que grassam na Terra.

São os seres humanos que estertoram nos equívocos, nos quais se fixaram, na queda aos abismos que se permitiram, na rebeldia desvairada que os domina, nos resgates inadiáveis a que estão sendo submetidos.

A Providência atende aos apelos dos sofredores que sentem necessidade de paz e permite a pandemia ultriz, para fazê-los despertar para a realidade de seres imortais que são, de modo que se revejam e se autoanalisem, volvendo aos caminhos do amor que ficaram atulhados de ódio e soberba, de viciações e embriaguez dos sentidos.

À medida que a cultura vinha enlouquecendo os seres narcisistas e utilitaristas, tornava-se inevitável um movimento edificante reacionário à luxúria e à anarquia.

Fingia-se acreditar que a vida é resultado do fortuito, do inimaginável, sem objetivo, qual se fosse a Terra uma nau fantasma que apareceu no mar do Cosmo e logo mais se consumiria no nada.

Aproveitar as suas concessões grosseiras seria a única maneira de viver, de desfrutar a existência caótica para eles.

Tudo quanto induza ao amor e à renúncia das paixões animalizadas tem recebido aceitação indiscutida, enquanto as propostas de saúde moral tombam na zombaria e no descrédito.

Como essa é uma visão nefasta e mentirosa, as leis que a engendraram e a comandam sob a orientação de Deus, após experimentarem muitas guerras entre nações que são submetidas por outras mais poderosas, surgiram com a proposta da pandemia que aterroriza os mais audaciosos e os menos corajosos.

Países tecnologicamente bem equipados e moralmente perdidos no ateísmo e nas suas famanazes correntes de poder, apaixonados pela transitoriedade do seu tempo, encontraram na microbiologia vírus destrutivos para uma futura guerra biológica, quando os seus argumentos de força e de compressão falharem, poderiam trabalhar cepas de influenza e outras doenças, criando, na atualidade, o terrível assassino que ora os vence também...

Eis aí o resultado infeliz dos seus sonhos de soberania e grandeza, transformando-se em pesadelos terríveis sem um despertar tranquilo.

Como são pigmeus pretensiosos, que estão descobrindo as bordas do conhecimento, mas se encontram muitíssimo distantes da realidade da Vida, o Senhor de bondade e sabedoria a todos convoca à reflexão pela própria impotência, a redescobrir a pequenez.

O benfeitor fez uma breve pausa oportuna, depois continuou:

À semelhança de vezes anteriores, em que as pandemias ameaçaram a existência humana e desapareceram após cumprirem o seu objetivo, a atual é portadora de um programa seletivo de Espíritos para preparar o advento dos Novos Tempos.

Certamente serão afetados milhares de seres que se encontram na pauta vibratória da virose, mas estarão resgatando outros graves comportamentos, a fim de se ajustarem à ordem que será vigente no planeta, logo mais, quando tudo se acalmar e a Lei de Progresso funcionar com mais rigor.

Todo aquele que se encontre na faixa imunológica favorável à contaminação, em decorrência da conduta moral que se tem permitido, experimentará o cutelo da desencarnação, preparando-se para acompanhar o progresso do planeta, logo se recupere dos desaires e se encontre em condições de crescer no rumo da sabedoria.

Com o enorme êxodo de benfeitores da Humanidade interplanetária, que auxiliarão os candidatos à imarcescível luz da redenção, a renovação espiritual tomará conta de todos os quadrantes, qual primavera risonha abençoando escombros e arrancando deles flores e cor, beleza e harmonia para a paisagem festiva.

O Mestre reunirá os Seus discípulos e os iluminará ainda mais, a fim de que toda sombra que permaneça seja diluída pelas claridades incomparáveis do bem e da união das almas no grande banquete da paz.

Enquanto isso não ocorre, as mãos do sofrimento asfixiarão muitas existências, que despertarão nos estertores da agonia para as futuras experiências de fraternidade num imenso cantochão de humildade e afeto à vida em todas as suas manifestações.

A fim de que também nós outros compreendamos a necessidade do auxílio mútuo e de que a felicidade pessoal é resultado das bênçãos que jorram fora de nós, estamos honrados com o ensejo de participar das horas difíceis dos que estarão expurgando ignorância e presunção, de modo a evitarmos ocorrências semelhantes conosco.

É hora grave e santa. A dor do próximo é nossa também, suas lágrimas são suores em nós, e o seu desespero nossa oportunidade de servir-lhes atenuando-lhes a aflição.

O Celeste Amante sempre desce aos vales terrestres em missão socorrista, mas nestes próximos dias enviou-nos como se fôssemos estrelas capazes de diluir a escuridão e projetar claridade no Infinito.

Acompanharemos tragédias nefandas defluentes das obsessões teimosamente ignoradas pelos seres reencarnados, então buscaremos inspirá-los à retidão e ao bem sem cessar, sem a certeza do êxito, que é sempre do Pai, todo misericórdia.

Objetivaremos evitar suicídios diretos ou não, acalmar as ansiedades, estimular a confiança irrestrita no Senhor e caminhar com os trôpegos tentando ajudá-los a permanecer de pé, irredutíveis na Bondade Divina, mesmo aparentemente sob chuvas de calhaus e desesperos.

Jamais nos cabe o amor particularista a uns em detrimento de outros, porque todos são nossos irmãos credores de ternura e de amparo.

Cuidaremos de inspirar calma e paz nos casos de possessões graves e não diagnosticadas pelas ciências médicas, nas ocorrências de vampirizações, sem julgamentos e nem preocupações com as causas, compreendendo que tudo obedece à ordem universal, competindo-nos somente auxiliar e tentar libertar do mal.

Ante o silêncio eloquente, o benfeitor espraiou o olhar por todo o auditório sinceramente comovido e prosseguiu:

– *A sociedade terrestre está necessitando aprender pela experiência do sofrimento a correção moral do comportamento e a educação mental dos pensamentos, de modo que conclua ser a casa mental a sede da vida pensante, portanto, a área cocriadora da Vida.*

Compreendemos que não se trata de uma renovação quântica, de um para outro momento, mas estes dias são o prenúncio do que podemos produzir em favor do mundo, conforme o direcionamento a que se ofereçam os indivíduos, que elegerão o melhor rumo a tomar.

A questão da imunologia pessoal está programada para cada vida, tendo-se em vista o seu passado e o programa no futuro ao qual se vinculará.

Os setores de saúde já possuem vários protocolos sobre o comportamento da pandemia. Na primeira fase, são os sintomas da tosse seca, da febre, de dores no corpo, tudo como sinal de gripe, logo depois vem o agravamento, até a fase que necessita de internação hospitalar com a entubação do paciente e os seus efeitos.

Cabe-nos inspirar cuidados logo aos primeiros sinais, de modo que o organismo, amparado pelas substâncias anti-infecciosas, reaja e evite as fases seguintes.

Nunca desconsiderar a excelência da oração que fortalece os centros vitais e revigora as energias inibidoras, matando o vírus.

A transmissão dos fluidos pelos passes é também de vital importância em qualquer fase da doença, especialmente por agentes saudáveis moralmente e portadores da faculdade de cura.

Em todos os momentos vincular-se a Jesus, o Divino Médico das Almas, e aos Seus mensageiros entregues à enfermagem da caridade na linha de frente, protegendo todos aqueles que correm perigo de contaminação.

O Divino Amparo não os deixa, mesmo quando as suas construções de fé religiosa não os ajudam nos cuidados pessoais de defesa.

A grande batalha está em fase inicial e todos devemos orar para que o Senhor nos conceda misericórdia, a fim de ser ultrapassado o seu período de contaminação e possível desaparecimento ou mudança de paisagem evolutiva.

Exorando a proteção do Senhor para todos nós, deixemo-nos arrastar pela Sua Sabedoria.

O nobre Dr. Bezerra silenciou e dirigiu-se ao assento ao lado de Ismael.

Nesse ínterim, enquanto o coral voltava a murmurar um *Canto gregoriano*, caíam pétalas perfumadas sobre o imenso auditório, que se inundou totalmente pela delicada fragrância.

Outras vozes enunciaram palavras de amor em torno do testemunho humano durante a terrível pandemia.

Ouvia-se o pulsar do Amor universal inundando-nos de coragem e fé, ao tempo em que lágrimas inesperadas superavam as comportas dos olhos e escorriam silenciosas.

Era uma noite inesquecível.

"O dia abençoado raiou brilhante em convite à ação do bem em triunfo. Jamais as sombras logram vitória, porque basta um raio de luz para diluir a treva, assim como o exemplo de amor para vencer os bastiões da ignorância e ali implantar as bênçãos da esperança e da paz."

Manoel Philomeno de Miranda • Divaldo Franco

8

EM PLENO CAMPO DE BATALHA

Terminado o majestoso encontro, unimo-nos a alguns grupos emocionados, em grande expectativa de servir naquele momento extraordinário e caracterizados pelas incertezas que a pandemia estava deixando em toda parte por onde passava.

Em alguns países alcançava a linha máxima da contaminação para o natural recuo e até mesmo arrefecimento que já se podia perceber em alguns lugares.

As providências e recomendações dos órgãos de saúde geravam muitos conflitos, em razão da forma de cada governo considerar o recolhimento das pessoas em vigorosa quarentena ou a liberação controlada, a fim de evitar-se outros danos, os de natureza econômica.

Empresas sem patrimônio de sustentação começaram a demitir funcionários, gerando maior soma de dificuldades para a sustentação familiar, e caso a quarentena se prolongasse e a falta de produção alimentícia caísse, o surgimento de um novo problema.

Indivíduos perversos e organizações internacionais que sempre se contentaram com a desgraça dos países pobres começaram a semear insegurança, e os dias que viriam estavam semeados de sombras inquietas com ameaças de perturbação da segurança pública.

O esforço de todos nós tinha por impositivo demonstrar que o Amor de Deus nunca cessa, bastando que o necessitado se coloque em posição de beneficiar-se e saiba submeter-se às condições vigentes.

Infelizmente, porém, nesses momentos terríveis, aventureiros desumanos aproveitam-se para ganhar benefícios ilegais.

Os intrigantes políticos, sempre desinteressados do povo que os elegeu e agora o trai de forma cruel, movimentavam-se nas casas de leis, especulando vantagens, comportando-se de forma turbulenta, enquanto a morte continuava ceifando as vidas deixadas em plano secundário.

Após ouvirmos diversos grupos de diferentes áreas do país, retornamos preocupados à nossa sede de trabalho para mergulharmos na ação que não poderia ser postergada.

Todos estávamos conscientes das magnas responsabilidades que nos diziam respeito.

Em profundo silêncio de meditação, recordei-me de quando Jesus chamou os amigos e os enviou, dois a dois, à Galileia e seus arredores, a fim de prepararem o solo para a ensementação do Evangelho.

Guardando as distâncias próprias, éramos os Seus novos discípulos visitando os grupamentos que O iriam receber.

Uma onda de alegria desconhecida me invadiu o ser, e assim que chegamos à nossa sede, busquei o repouso com a imaginação incendiada de expectativas e ansiedades.

O dia abençoado raiou brilhante em convite à ação do bem em triunfo. Jamais as sombras logram vitória, porque basta um raio de luz para diluir a treva, assim como o exemplo de amor para vencer os bastiões da ignorância e ali implantar as bênçãos da esperança e da paz.

Permanecia a psicosfera densa e cinza-escura, que nos confirmava o desequilíbrio dos pensamentos humanos.

As conversações, com as compreensíveis exceções, eram de baixo nível, algo que a sociedade se acostumara com facilidade, entremeando os diálogos com expressões chulas, num modernismo vulgar, típico da vida moral de cada qual, e o número de Espíritos viciosos, vulgares, zombeteiros e vingadores era expressivo, preocupante. A grande maioria havia sido libertada das regiões de pânico e expiações sórdidas, facultando que essas populações antes prisioneiras dos refúgios punitivos pudessem agora conviver com os reencarnados de mais ou menos mesmo quilate emocional, dando vaza a vinculações perigosas, por se tratar de um outro tipo de epidemia, a de natureza moral.

Os grupos humanos invariavelmente se encontravam enleados nas teias mentais e emocionais desses desencarnados que se lhes agudizavam as preocupações, os problemas em que se encarceravam de natureza servil.

Certamente, outros grupos destacavam-se, formando uma psicosfera saudável, demonstrando que no pântano os lírios são mais perfumados e que uma faixa imensa da sociedade mantém valores éticos e comportamento compatíveis com as suas crenças religiosas, todas muito respeitáveis, ou mesmo filosofias comportamentais edificantes.

Na Comunidade onde nos hospedamos, podíamos distinguir perfeitamente a aura brilhante dos dedicados trabalhadores, como de um grande número de assistidos que se mantinham vinculados à beleza, aos aspectos sadios da existência.

O setor educacional infantil era o que ostentava mais belas vibrações e mesmo considerando-se que quase todos os estudantes e beneficiados dos setores de atendimento vinham do bairro muito pobre e violento, onde os vícios mais cruéis não se compadeciam de ninguém, notamos Espíritos nobres interessados na sua formação de cidadania, inspirando os professores, mesmo aqueles com menor interesse pelo trabalho, que o conduziam como um fardo desagradável.

A diretoria providenciava constante contato com excelentes educadores, que anelavam por uma grade escolar bem trabalhada e própria para a existência futura dos alunos, víamos que estes se encontravam muito bem inspirados e lutando em favor de uma educação completa e não apenas da instrução quase desdenhada pelos próprios professores.

Infelizmente, ainda não se desejou compreender que a educação é a alma da vida para todas as criaturas e que é o instrumento mais valioso da existência humana para o êxito e o progresso do ser humano e do mundo em geral.

Também notava o ódio de alguns obsessores vinculados a crianças que pareciam ter distúrbio de aprendizagem, autismo, agressividade, sendo mais atenazados pelos seus adversários que tentavam impedi-los de desenvolver-se, tornando-se difíceis de serem mantidos nas salas de aulas.

Porque a Instituição sustenta suas bases na Doutrina Espírita, orienta os mestres e os educandos à terapia do Evangelho, aos passes e à água fluídica, resistindo a todas provocações dos perversos algozes.

Com o tempo, é claro, esses inimigos ferozes terminavam por modificar o comportamento, libertando suas vítimas, que passavam a cultivar ideais e objetivos superiores aos muito debatidos nos lares e bairros onde viviam.

Depois de assistirmos a um grupo de adultos que se beneficiava de passes matinais, rumamos ao hospital onde deveríamos continuar com a nossa atividade.

Quando chegamos, o movimento era inusual. Aquela manhã havia sido uma das mais severas, porquanto o número de pessoas com sintomas que pareciam proceder da Covid-19 aumentou significativamente, mas nem todos o eram, realmente.

Chamou-nos a atenção uma paciente afrodescendente que fora trazida em um táxi e apresentava sinais típicos da doença: febre alta com sudorese, tosse seca com tremores, dores de cabeça e muito perturbada.

Encaminhada à sala de atendimento, debatia-se contra os enfermeiros que a conduziam, afirmando estar muito bem e que a doença era de outra natureza... Pela aparência, tudo afirmava a contaminação, mas notamos a presença de um adversário desencarnado, que se lhe vinculava ao centro mental, irradiando as suas energias enfermiças ao aparelho respiratório, que desciam pelo trato digestivo em sucessivas ondas escuras, que ela deglutia, constituídas por energia deletéria que exteriorizava um odor nauseabundo como de um cadáver.

Nosso irmão Spinelli convidou o nosso passista Cláudio, que lhe aplicou a bioenergia com unção e conseguiu desalojar o vampirizador, deixando-a quase extenuada, com abundante sudorese.

Atendido pelo irmão Eudalbo que o manteve em seu campo vibratório, após explicar-lhe a providência tomada, ele reagiu informando que estava perfeitamente consciente do que estava acontecendo e era o responsável pela sua doença, que vinha de uma bronquite crônica e exaustiva.

A paciente que apresentava condições de pobreza quase extrema, ao sentir-se livre da constrição a que era submetida pelo vingador, foi acometida de choro e lamento, abordando a sua situação de miséria econômica e social. Morava num bairro denominado Alagados, porque as águas das marés sempre inundavam o pântano onde se erguia a imensa área de pobreza e vergonha humana.

Examinada no momento, a febre parecia haver baixado um pouco, a tosse seca diminuiu, assim como o tremor do corpo; foi rotulada como provável portadora da Covid-19... Deram-lhe uma substância para tomar e voltar dentro de 14 dias...

Ela suplicou pelo internamento, pelo menos para poder comer, ter como descansar, chorou, implorou...

O irmão Spinelli aproximou-se de uma enfermeira e sensibilizou-a com palavras de compaixão. Ela tomou-lhe a mão e levou-a a uma saleta, oferecendo-lhe uma xícara de café com leite e uma côdea de pão.

Eu acompanhava o drama com lágrimas... Num mundo tão rico de extravagâncias e o tremendo *vírus da fome* igualmente estava matando.

A jovem aconselhou-a a ir para o seu *barraco*, onde estaria talvez mais garantida do que no hospital e conseguiu acalmá-la. O irmão Cláudio aplicou-lhe energia extraída da Natureza, mesclada com os seus fluidos de amor, e ela reanimou-se, logo saindo acompanhada pela pessoa que a trouxera.

O irmão Spinelli acercou-se do Espírito que permanecia agitado e falou-lhe com imensa doçura a respeito da sua influência obsessiva junto à paciente, que merecia compaixão pelo estado de penúria em que se encontrava e a situação de possível portadora do novo coronavírus...

Sarcástico e sem nenhum sentimento humano de misericórdia ou de amor, ele reagiu com violência:

– *Isto é o mínimo que programo para submeter esta infeliz aos meus caprichos. Matá-la-ei em poucos dias, asfixiando-a por intermédio da doença e das minhas forças de ódio, aguardando-a cá, assim que chegue, antes mesmo que se desembarace das carnes abjetas...*

A um sinal, Cláudio acercou-se e aplicou-lhe energias entorpecentes, com movimentos especiais, e em pouco tempo ele adormeceu.

Foram chamados dois padioleiros que o transferiram para a nossa sede, para providências posteriores.

Fiquei perplexo ao observar que os pacientes que chegavam, invariavelmente, estavam acompanhados por Espíritos vulgares, alguns dos quais se adentravam na sala de consulta, enquanto outros, mais hábeis ou perversos, afastavam-se e ficavam em atitudes de deboche e sarcasmo em relação às pessoas que vinham ao nosocômio. Assim, aguardavam o resultado dos exames e prosseguiam no comportamento a que estavam acostumados. As suas interferências na conduta das pessoas eram visíveis e lamentáveis, parecendo que se nutriam reciprocamente um do outro. Logo entendi que era resultado da convivência habitual e da falta de disciplina mental do reencarnado, que se comprazia com esse tipo de companhia.

Era uma estranha azáfama, na qual predominavam as interferências espirituais.

Existiam, também, exceções, porém, em menor quantidade, em razão dos interesses humanos ali em jogo ou em alternativa de saúde e doença.

O hospital, graças à sua finalidade, mantinha um grupo de Espíritos gentis que procuravam manter a ordem nos arredores, assim como na entrada. Havia umas catracas portadoras da capacidade de medir as vibrações dos desencarnados que se adentravam, assim evitando determinada ordem de Espíritos malévolos que não conseguiam acompanhar as suas vítimas e eram expulsos pelos guardiães da casa de saúde.

De vez em quando, percebia-se a notícia devastadora de que determinado paciente internado, ao realizar o exame específico, constatou a infecção. Ao choque da notícia, a esperança, de alguma forma remota, de que a cura já estava sendo possível.

Mesmo durante o dia era possível observar o surgimento de raios luminosos que saíam da Terra em direção do Infinito. Eram as preces dos servidores fiéis do Evangelho, das mães abnegadas e famílias dedicadas ao bem, dos seres resignados e dos trabalhadores da *linha de frente*, especialmente enfermeiros e auxiliares de enfermagem que, atentos aos cuidados que deviam manter, sempre eram surpreendidos pelo cansaço, pelo desconforto, pela angústia ambiental.

Num momento de conversação edificante, no jardim principal do belo hospital, o venerando Eurípedes, que, embora não pertencesse ao nosso grupo, visitava-nos diuturnamente, entreteceu considerações que nos surpreenderam.

Referia-se o apóstolo que se cogitava entre os meios de investigação científica a possibilidade de negar-se assistência médica às pessoas idosas, assim facilitando a diminuição de habitantes do planeta, uma das teses do comunismo...

A Humanidade já acostumada com a eutanásia, em determinados casos com a anuência do paciente, permitindo-se o odiento crime, agora estendia a medida à consumpção dos idosos. Por outro lado, os suicídios assistidos por médicos, legalizados em diversos países, igualmente facilitam o estudo e o interesse da morte dos idosos. A ciência médica, tentando oferecer maior conforto às idades avançadas, parece que desagrada ao grupo de assassinos legais, que veem na velhice somente decadência, e não sabedoria, nem ternura, nem afeto, nem conquista de valores para a própria imortalidade.

Desse modo estranho e extravagante, há quem defenda a ideia de deixar morrer o paciente idoso, ante a presença de um mais jovem que necessitar da UTI, dando ao médico o divino poder de selecionar quem deve ou não viver, como tem ocorrido com governos arbitrários e sandeus.

A notícia de nossa presença espiritual cooperando no hospital passou ao conhecimento de outras comunidades de desencarnados, e, naquela tarde, fomos buscados por abnegado benfeitor para um atendimento especial.

Tratava-se de um drama familiar. Um grupo constituído pelos pais idosos e dois filhos, respectivamente com 23 anos, a filha, auxiliar de enfermagem, e um irmãozinho de 16 anos.

A auxiliar de enfermagem conduziu ao lar o vírus terrível, sendo ela assintomática, e contaminou o irmão e os pais. Primeiro os pais apareceram com os sinais da doença, que foi confirmada, e internaram-se; logo depois, o irmãozinho também. O genitor estava com 62 anos, e a mãezinha com 54 anos.

O senhor era portador de um distúrbio cardíaco e sofria muitas alterações na pressão arterial, e não foi bem-sucedido no tratamento da Covid-19, sucumbindo por falta de aparelho para auxiliar na respiração.

A esposa teve alta, dias depois. Nem ela nem a filha puderam ver o desencarnado, ficando muito abatidas com a ocorrência da enfermidade e o sofrimento do enterro, praticamente em uma vala comum.

Ainda não se haviam refeito do choque, quando o irmãozinho começou a apresentar os terríveis sintomas que confirmaram a doença.

Nessa angústia e desespero, a irmãzinha fez conflito de culpa, acreditando-se haver sido a responsável pela morte do pai e agora pela possível perda do irmão jovem, que se encontrava em estado lamentável.

A informação que nos deram é que se estava preparando para suicidar-se e, por efeito do desespero, atraiu algumas Entidades perversas que acompanhavam a história da família e desejavam auxiliá-la a realizar o autocídio.

Fomos em grupo, de modo que pudéssemos auxiliar outros enfermos, aplicando-lhes os passes benéficos e animando-os com vibrações edificantes.

Encontramo-la na unidade de terapia intensiva, que estava quase lotada com pacientes portadores de outras enfermidades e, inclusive, o novo coronavírus. Todos os pacientes estavam entubados, inclusive o jovenzinho.

Em uma análise rápida, o Dr. Eudalbo verificou que o jovem não teria resistências nem forças imunes para vencer o vírus devorador. Encontrava-se com os pulmões dominados pela virose perversa e, apesar do aparelho, a sua era uma respiração difícil, entrecortada. Já tinha as marcas do anjo da desencarnação numa palidez impressionante, resultado do depauperamento das forças. A medicação aplicada, em fase experimental – enquanto se discutia nas casas de leis qual a melhor aplicação para atenuar o quadro ou salvar o paciente –, produzia sequelas a que o organismo não resistia. A morte era iminente num quadro muito doloroso de asfixia.

A irmãzinha tentava pedir-lhe que reagisse e desejasse a cura, mas em razão de múltiplos problemas espirituais na família, o assessoramento espiritual era lamentável, em face da presença de dois Espíritos que o vampirizavam com crueldade.

O irmão Cláudio aplicou passes que conseguiram romper os liames perispirituais, afastando ambos os exploradores das poucas energias do rapaz, e Spinelli encarregou-se de dialogar com eles, conduzindo-os a uma sala próxima, acompanhado pela nossa Amália, cuja mediunidade bastante sensível produziu a fixação de ambos ao seu perispírito.

Outros pacientes também estavam em situação semelhante, vitimados por acompanhamentos perniciosos, e a sala transpirava energias mefíticas exteriorizadas por pacientes, alguns médicos e auxiliares de enfermagem, desacostumados às fixações espirituais mais elevadas.

Alguns demonstravam cansaço e temor, cuidando-se mais em detrimento daqueles que os necessitavam.

Após haver fixado os sofredores vampiros de formas repugnantes nos fluidos da nossa médium, o jovenzinho começou a agitar-se angustiosamente.

Nesse momento, alteando a voz, Spinelli pôs-se a orar profundamente comovido.

Houve uma parada cardiorrespiratória, e os desencarnados detiveram-se, enquanto o corpo médico e auxiliar continuou as atividades, sem dar-se conta do que ocorria fora da sua esfera ambiental, agora com uma desconhecida energia que os envolveu.

As palavras de súplica do mentor ao Divino Médico das almas ressoavam canoras e vibrantes, e percebemos uma aragem benéfica que limpava as construções tóxicas e alcançava os desencarnados, alguns tomados de emoção até às lágrimas, logo mais, respirava-se um ar saudável. Alguns amigos espirituais surgiram e, de imediato, começaram a auxiliar todos os pacientes com bioenergia especial saturada de plâncton e clorofila, carreados por uma brisa muito suave, trazendo-os do mar e das árvores vetustas do jardim. Miríades de pontos luminosos pequeníssimos entravam pelas janelas e portas, dando-me conta que o hospital estava sendo beneficiado pela Excelsa Misericórdia do Sublime Terapeuta.

O ambiente fez-se menos desagradável e, nesse momento, o abençoado mentor que nos foi buscar começou a deslindar o Espírito do seu jovem e sofrido corpo.

Era mais uma *vitória* do vírus na sua missão de redimir a Humanidade dos seus graves delitos morais.

A irmãzinha não pôde extravasar o que estava represado no íntimo, porque o corpo foi de imediato retirado e colocado em um envoltório plástico e transferido para a necrópole, a fim de ser logo sepultado...

Coube-me a tarefa de acercar-me dela e, acariciando a área cardíaca, falar ao seu ser muito sofrido.

Nesse momento, ela não estava em sintonia com o adversário espiritual, porque percebendo a desencarnação do irmãozinho, envolveu-se numa linda oração da sua crença religiosa, de imediato atendida por uma jovem de elevados recursos morais.

Com a permissão da benfeitora desencarnada, inspirei-lhe coragem e fé, animando-a a cuidar da mãezinha, agora mais sofrida e solitária. A lembrança da genitora levou-a a um pranto convulsivo de compaixão e ternura que comoveu algumas colegas, que a conduziram para fora da sala, onde poderia acalmar-se ante o que se denominava como fatalidade.

Alguns minutos transcorridos e o jovem recém-desencarnado era conduzido a um outro núcleo hospitalar em nosso plano.

O Espírito responsável pelo nosocômio acercou-se-nos para apresentar os seus sentimentos de afeto e gratidão à nossa equipe, no que foi gentilmente acolhido pelo Spinelli, sinceramente emocionado.

Ele havia fundado o hospital enquanto na Terra, e, após a desencarnação, foi convidado a continuar administrando-o com esmero. Não havia sido religioso, mas era um crente fervoroso em Deus e, quando pensou na casa hospitalar um pouco mais de 40 anos passados, melhor compreendeu os Desígnios Divinos e a finalidade essencial da existência, que é a prática do bem.

Havia sido eminente mestre da Faculdade de Medicina, na qual ensinava Fisiologia e Cirurgia, demonstrando como a maquinaria orgânica não se explica a si mesma. Sempre que tentava uma laparotomia, deslumbrava-se com a ordem dos elementos que se transformam em vida, pensamento e ação.

Em consequência da sua existência médica missionária, conseguira muitos amigos que ora se encontravam cooperando do Mais-além com a casa de saúde.

Ficamos de atender, ainda naquele dia pelo amanhecer do próximo, a jovem auxiliar de enfermagem, libertando-a das tenazes que a empurravam para o suicídio.

Observei que aquele anoitecer estava algo nebuloso, de tal forma denso que transmudava a névoa, esparzindo odor tóxico de carne em putrefação que a brisa lenta tentava diluir.

Como o pensamento voltado para as viciações impregna o ambiente com o odor das vísceras orgânicas em decomposição!

Os amigos do nosso grupo experimentavam emoções variadas, em decorrência dos trabalhos a que cada um de nós se vinculava.

Chegando ao nosso reduto, passamos a fruir as ondas balsâmicas do amor e da caridade, das mensagens, como se uma aragem de luar formoso conduzisse o doce perfume de rosas desabrochando ao amanhecer.

"A mediunidade é uma experiência de amor na prática, especialmente por ser posta a serviço de necessitados totalmente desconhecidos, fazendo recordar o ensinamento de Jesus sobre o dar com a mão direita sem que a esquerda o saiba..."

Manoel Philomeno de Miranda • Divaldo Franco

9

ATIVIDADES COMPLEXAS NO MAIS-ALÉM

À medida que o trabalho se avolumava, tivemos que voltar ao hospital onde realizávamos o mister, dando prosseguimento ao socorro de emergência que as circunstâncias exigiam.

No momento em que saímos, o respeitável orientador do novo hospital veio agradecer-nos e solicitou-nos que inscrevêssemos também aquele nosocômio nas atividades espirituais de atendimento desobsessivo a muitos pacientes que se acumpliciaram com as forças maléficas da natureza.

Observávamos o vaivém de familiares e amigos desencarnados que se vinculavam aos pacientes, e chamavam-nos a atenção as interferências perniciosas dos Espíritos ociosos e de outros vingadores com aspectos, confessamos, horripilantes.

Já tivera ocasião de ver essa fauna desencarnada em cemitérios nos quais muitos recém-chegados eram disputados, como ocorre em qualquer feira em que se compram ou se adquirem estranhos serviçais para qualquer atividade, inclusive, para o hórrido crime do homicídio.

Em volta, como se estivessem aguardando comparsas ou vítimas, havia um número expressivo de Entidades errantes e portadoras de carantonhas apavorantes.

Sob a segura direção do nosso Spinelli, mantínhamos o pensamento nos deveres que nos cumpriam executar, sem procurar qualquer tipo de explicação para a população inquieta no lugar.

Nosso mentor comprometeu-se a retornar em ocasiões especiais e volvemos ao nosso campo de ação.

A jovem auxiliar de enfermagem, agora mais calma, preparava-se para seguir ao lar, onde ficaria algum tempo em luto pela desencarnação do irmão e do genitor.

Até as 20h mantivemos o tempo aplicado no auxílio aos internados, aos visitantes, mas também aos desencarnados que pareciam ali residir.

Naquela noite, havia reunião doutrinária no Centro Espírita que era a instituição responsável pela programação de amor e de caridade.

No horário habitual, em razão da quarentena estabelecida pelas autoridades de saúde, não havia participantes presenciais, exceto alguns residentes na Comunidade. Nada obstante, a reunião foi aberta, como habitualmente, e umas vinte pessoas que trabalhavam devotadamente se encontravam perfeitamente sintonizadas com os deveres que lhes diziam respeito.

O orador iria explicar o tema de estudo, baseado num texto de *O Evangelho segundo o Espiritismo,* de Allan

Kardec, a respeito de um tema de grande e sempre atual importância: *A felicidade não é deste mundo* (capítulo V, item 20).

Foi um momento emocionante, porque, em razão das dificuldades de estarem presentes grupos de pessoas, havia-se resolvido manter as atividades da Casa utilizando-se a *Internet*, especialmente transmitindo os estudos e permitindo que um número muito significativo de pessoas interessadas no conhecimento da Palavra tivesse acesso.

Visivelmente inspirado, o expositor referiu-se à realidade a respeito da vida nas suas duas feições: a encarnada e a desencarnada, demonstrando a grandeza da imortalidade como única forma de entender-se a Criação na sua profundidade e significativo.

Estendeu-se, apresentando conceitos ricos de experiências e de fáceis aplicações, por aproximadamente quarenta minutos.

A seguir, foi encerrado o labor e todos nos recolhemos um pouco ao ar livre para comentários entre os residentes, assim como nosso grupo e trabalhadores desencarnados da sociedade espírita.

Os socorros de sempre continuavam e a movimentação de amor e caridade junto aos desencarnados em aflição seguia ininterrupta.

Buscamos os nossos cômodos até o momento previsto para nossa reunião mediúnica, dando continuidade aos labores do dia.

Mais ou menos uma hora da madrugada seguimos à sala mediúnica, preparada pela nossa gentil Marta, que recepcionava os convidados e os colocava nos lugares que lhes estavam reservados; quando chegamos, encontramos o diretor espiritual Antúlio, nosso convidado para a programação socorrista especial.

Dois auxiliares do labor trouxeram em sono, por desdobramento espiritual, a jovem auxiliar de enfermagem, que repousava suavemente. De igual modo, veio conduzido o Espírito inimigo, que a estava induzindo ao autocídio, e mais algumas Entidades vinculadas aos pacientes do hospital que nos acolhia.

A reunião foi dirigida pelo irmão Spinelli, que orou com grande unção, rogando o auxílio dos Céus para o nosso empreendimento fraterno, e percebemos suave claridade invadir o recinto com a iluminação diminuída. À mesa mediúnica, entre outros, estavam Cláudio, Gracindo, e Malvina e Amália, nossas queridas médiuns para o ministério do intercâmbio.

Os demais estávamos sentados na primeira fila com os visitantes e os necessitados de atendimento especializado.

O Dr. Eudalbo despertou a jovem sofrida e falou-lhe com muita doçura a respeito da reunião de que iria participar. Demonstrando alguma estranheza, como era natural, manteve-se serena, pensando na Mãe de Jesus e, por extensão, na mãezinha em convalescença e sob a ação da angústia.

Iniciada a reunião, Malvina entrou em transe e começou a estertorar nervosamente sob a indução psíquica do perseguidor da jovem auxiliar de enfermagem.

Blasonava com certo atrevimento, dizendo-se estranho àquele grupo, com exceção da jovem, que se assustou ao reconhecer o comunicante.

Percebendo-se identificado, ele ergueu os punhos cerrados da médium e, transtornado, investiu, embora retido no abençoado fenômeno da psicofonia. Surpreendeu-se de falar pela boca e mover-se no corpo da médium, e, sem compreender exatamente o que se passava, arremeteu com perguntas violentas que lhe explodiam na mente.

– *Que sortilégio é este? O que se passa aqui comigo? Que estranho tribunal é este?*

Com gentileza, mas severidade, Spinelli respondeu-lhe:

– *Não somos um tribunal, nenhum sortilégio estamos utilizando e o que aqui se passa é fácil de entender-se. O caro amigo sabe que já perdeu a roupagem física e que vem afligindo a jovem hoje vitimada por muitas dores decorrentes das mortes do genitor e do irmão pela enfermidade cruel...*

Com que direito se propõe a infernizar quem cumpre os seus deveres e ama os seus familiares com elevação? Quais são os seus poderes sobre ela e todos nós, que nada podemos fazer senão sob a permissão das Divinas Leis!? Por que o seu projeto de lhe roubar a existência física, somente porque ela se negou a receber as suas mórbidas carícias?

Sim, é a vítima dos seus assaltos, quando era criança e você procurava molestá-la com frequência. Ela conseguiu fugir da sua doença moral, mas a sua imagem ficou a perturbar-lhe o inconsciente, produzindo-lhe pesadelos hórridos. Felizmente a morte o arrebatou e, viciado, dominado pelo pretérito de devassidão, continuou a sua faina infeliz, reencontrando-a.

– *Ela é minha* – ripostou o desditoso – *e ninguém poderá separar-nos. Existem razões profundas para estarmos juntos e conseguirei, agora, que também ela morra. Sei como manipulá-la e a perseguirei até a consumpção dos meus desejos, escravizando-a aos meus sentimentos. Muito tempo nos une e separa, porém, agora, será para sempre.*

– O amigo equivoca-se... Também conhecemos os torpes dias vividos na cidade de Nice, na França, após a revolução, nos dias *gloriosos das* luzes *e das trevas, em uma análise imparcial, o amigo deve-lhe muito mais, pelo que a induziu e culminou atirando-a ao abismo moral e orgânico.*

– Se nos conhece, melhor será deixar-nos, como tentaram outros, do que atenazar-nos com as suas forças mágicas.

– A antiga Annette hoje está nas mãos do Senhor, a Quem se entregou desde muito jovem, no período em que você a reencontrou.

Ela renasceu sob a proteção da Senhora de Nazaré, que dela cuida.

Lamentamos os seus projetos, embora fora da roupa carnal. Jamais a arrebanhará para regiões de sombras e misérias. Essa noite terrível já ficou no solo da França e, desde então, nos Céus surgiram estrelas que clareiam as regiões nefastas nas quais ainda as feridas morais exsudam purulentos resíduos das pestes morais.

Agora você está falando conosco através de uma servidora da mediunidade que oferece as suas energias para ajudá-lo na lucidez, no reabastecimento de energias saudáveis e na recuperação do seu organismo espiritual.

Trata-se de uma médium saudável, e você conhece a linguagem que era comum em Nice naqueles longevos dias.

Agora o amigo sentirá um torpor e uma sonolência que o levará ao repouso, para despertar noutra situação.

A jovem acompanhava o diálogo espantada, porque não lograva compreender em todo o seu conteúdo a explicação.

Cláudio aplicou-lhe energias balsâmicas e ela foi desligada da dedicada sensitiva e conduzida à outra sala, onde permaneceria adormecida até ser transferida para a nossa Comunidade espiritual.

Após qualquer diálogo terapêutico de natureza esclarecedora aos desencarnados, faz-se necessário um repouso do paciente para a adaptação à nova ordem de ideias. Chamaremos de convalescença, como ocorre nos equivalentes fenômenos de natureza orgânica terrestre.

A assimilação dos conteúdos é lenta, ocupando as áreas físicas e mentais antes sobrecarregadas pelas energias deletérias.

Por isso, o sono reparador proporciona um benefício inestimável, facultando um despertar menos aflitivo e de certo bem-estar.

Imediatamente Malvina começou a mover-se na cadeira, visivelmente incorporada.

Antúlio acercou-se da médium em transe profundo, e eu notei que o Espírito em psicofonia era alguém com significativa alteração da forma perispiritual. A face era lupina e, embora mantivesse a forma humana, encontrava dificuldade para adaptar-se ao *organismo eletrônico* da mediunidade.

Observei que, simultaneamente, diversos Espíritos perturbados, que sintonizavam com o comunicante, eram como que telementalizados por ele, que demonstrava na face alterada a máscara do ódio e do desespero, por sentir-se quase que imobilizado, com incapacidade de controlar a própria mente envolta em fluidos escuros que lhe eram habituais.

A nossa Malvina era um Espírito gentil e missionário no sentido doutrinário, porquanto servia à Causa Espírita com abnegação e entrega total.

Desde quando passou a cooperar nas atividades do lar que nos albergava, a sua mediunidade exerceu um papel fundamental nas orientações e programas a serem executados, sem o querer, chamando a atenção dos perversos da Erraticidade inferior.

Inimizades e intrigas acumularam-se em sua volta, gerando incompreensões e difamações, de modo a desanimá-la de prosseguir no ministério da mediunidade com Jesus, isto é, do serviço honesto e desinteressado, que não se circunscrevia aos interesses subalternos de muitas pessoas.

Calúnias bem urdidas tentaram massacrá-la, mas ela não desanimou. Compreendia que, na raiz desses desafios, as pessoas maledicentes e frívolas eram estimuladas por Espíritos do mesmo naipe, que tinham interesse de impedir-lhe o mediumnato, a saudável divulgação do Espiritismo.

Não compreendem, os insensatos, que toda e qualquer perseguição aos servidores da grei, seja qual for, resulta na difamação dos ideais de sustentação das vidas. Era exatamente isto que faziam os irmãos perturbadores equivocados e que a odiavam.

Mais recentemente, menos de um quinquênio, o cerco tornou-se-lhe feroz, porque fora proclamada pelas *trevas* uma guerra contra Jesus, o Pacificador, o Amor não amado, e, de alguma forma, todos aqueles que buscavam ser-Lhe fiéis foram atacados com inclemência, a fim de ser alcançada a meta existencial da filosofia materialista em desenvolvimento.

Tendo adquirido uma enfermidade orgânica atormentadora, ela sofria dores contínuas e, uma que outra vez, sentia-se fragilizada e quase sem estímulo, porém, atendida carinhosamente pelos seus guias espirituais, prosseguia com *os joelhos desconjuntados*, fiel ao programa exaustivo e abençoado.

Nesse referido tempo, emoções adormecidas e acalmadas passaram a ressurgir-lhe na mente, a golpear moralmente os seus sentimentos.

Todo médium fiel a Jesus passa por esse caminho estreito, que chamamos *via crucis,* para melhor instrumentalizar-se espiritualmente para o ministério.

Era o que a nossa irmã sabia fazer: mantinha a alegria da fé, que é uma bênção, sem valorizar as punhaladas espirituais momentâneas, sempre sabendo animar os demais e inspirar ternura em grande número de pessoas, que a envolviam nas dúlcidas vibrações da prece de gratidão e de afeto.

O amor sempre produz ternura em volta e carinho em si mesmo.

A mediunidade é uma experiência de amor na prática, especialmente por ser posta a serviço de necessitados totalmente desconhecidos, fazendo recordar o ensinamento de Jesus sobre o dar com a mão direita sem que a esquerda o saiba...

Muitos candidatos ao labor da caridade pretendem o exibicionismo e o *modismo,* a atormentada ânsia de fama e de exaltação da personalidade, quando o seu ministério é exatamente o oposto. O médium sincero e dedicado sabe manter as suas faculdades resguardadas da célebre lenda a respeito *da mosca azul*, cuja picada altera a conduta do indivíduo, concedendo-lhe elevados valores que não possui.

Olvidam-se, muitos candidatos da mediunidade socorrista, dos irmãos da retaguarda, mais sofredores e mais necessitados, e passam a ser falsos intérpretes de Espíritos nobres, que não têm nenhum interesse em exaltar a memória, mas, ao invés, lamentam o pouco que se acreditam haver feito enquanto na Terra.

É de bom alvitre que os bons médiuns, aqueles que trabalham a serviço do bem, não desejem utilizar a mediunidade para receber as fúteis louvaminhas e elogios grosseiros, antes vivendo para o desempenho da tarefa autoiluminativa.

Justo no momento em que o dialogador acercou-se para a conversação edificante, as barreiras de isolamento, que controlavam as Entidades infelizes que faziam parte do séquito do comunicante, permitiram que todos se adentrassem no círculo vibratório das comunicações, com propósitos de fazer algazarra e mesmo tentarem agressão.

O ambiente, porém, não lhes permitia espaço mais amplo para os seus interesses vulgares, assim permaneceram automaticamente em expectativa, enquanto a ocorrência cristã era realizada.

Nesse momento, recordei-me da autoridade de Jesus diante dos Espíritos perturbadores e cruéis. Duas ou três palavras, a grandeza do Seu verbo, a Sua aproximação neles produziam o efeito desejado, que era o de liberar o paciente dos seus tenazes constritores.

Naquele caso, no entanto, o objetivo era fixá-lo nas energias do reencarnado, a fim de que voltasse a experimentar o *fluido animal* de que se nutria, para uma conversação franca e responsável pelo seu futuro.

Foi o visitante quem, arrogante e cínico, deu início ao diálogo:

– Bem sei o que está acontecendo, em razão da minha posição de chefe de equipe. Tive o cuidado de escolher os meus melhores acompanhantes para esta bizarra apresentação. Bem

se entende, portanto, que aqui estou comunicando-me com os senhores por espontânea vontade e pelo desejo imenso de poder declarar com lucidez o patamar das lutas em que nos encontramos.

Para facilitar o nosso diálogo, declaro que não sou partidário das suas ultrapassadas e criminosas crenças. Sou discípulo da dinastia Omíada, responsável pelo califado daqueles que seríamos sacrificados e discriminados, mas alcançaríamos as mais distantes regiões da Terra. Mas isto é história do passado. Agora estamos unidos, sunitas e xiitas, contra o inimigo comum que é o seu Profeta Jesus. No começo O respeitávamos como um dos profetas que vieram preparar o período da libertação por volta da metade do século VII... Logo depois, no período das guerras sagradas, os judeus e cristãos uniram-se contra nós e, desde então, reinamos em áreas diferentes, sendo que, agora, há um pouco mais de um século, desejamos extinguir esses malditos que desgraçaram o Ocidente e parte do Oriente com as falsas crenças, idolatrias, furtos e crimes em nome de Deus, porém do Deus que eles construíram.

Enquanto não vencermos esses desventurados propagandistas da ilusão e do crime, do pecado e do erro, lutaremos das regiões onde nos encontramos, a fim de, por fim, encontrarmos o paraíso preconizado pelo Corão.

– *Depreendo que, apesar de desencarnado, ainda não desfruta da plenitude celestial* – asseverou o nosso Antúlio, aproveitando-se da pausa natural que o comunicante fez. – *Segundo o Alcorão, logo após a morte do fiel, se é justo e devotado, experimenta de imediato as delícias do Paraíso. Como acaba de expor, não é exatamente assim. Isto porque o Reino dos Céus encontra-se no coração pacificado, no sentimento de amor, de compaixão e na conduta reta e gentil para com todos.*

Pelo que o amigo acaba de narrar, encontra-se numa província espiritual de lutas, sofrimentos, rancores e perseguições a todos aqueles que não compartilham das suas ideias, qual ocorre no mundo físico. Vocês xiitas têm como lema o sacrifício e a abnegação, que é uma regra muito bela. No entanto, transcorridos séculos talvez da sua morte, ainda não pôde fruir a felicidade, que é o prêmio dessa conduta após a morte.

– *É natural* – revidou, agora com o semblante da médium totalmente transfigurado, a escorrer pela boca uma baba peçonhenta e fétida. – *Estamos buscando o holocausto. Quando recentemente declaramos a guerra total contra Jesus e o Judaísmo, entramos em luta física, abandonando nosso reduto para interferir no comportamento dos homens e das mulheres, achincalhando seus deuses e cultos, ao mesmo tempo instalando o deboche e as aberrações morais, para os vencer mais rapidamente.*

– *Concordo, sim, com a informação. A criatura humana é ainda mais sensível aos prazeres sensoriais e chulos do que às emoções superiores e dignificadoras.*

Nada obstante, Jesus providenciou com antecipação, antes desta grande batalha, enviando à Terra o Consolador, *os Espíritos nobres, a fim de restaurarem os Seus ensinamentos e disciplinarem as baixas condutas, fazendo que os Seus discípulos ascendam aos Planos superiores da harmonia.*

– *É ingenuidade de sua parte acreditar que esses esbirros estúpidos e presunçosos possam enfrentar-nos e superar-nos...*

– *Não se trata de os superar nem os enfrentar, mas sim de evitar que o mal de que todos vós sois portadores dominem-lhes a forma de viver, afastando-os dos mínimos deveres do amor e da fraternidade. Desejamos, eles e nós outros, os desencarnados do Evangelho redivivo, demonstrar que o Profeta Jesus, por Mohammed respeitado, seja reconhecido como o Guia da Humanidade, que o é. Não se trata aqui de uma vitória física, mas de uma união de sentimentos pelo bem da sociedade...*

– Mas o nosso empenho é destruir essa sociedade que se apoia em falsos valores do Cristianismo e do Judaísmo, que em breve serão expulsos da cultura terrestre.

Nosso propósito é insuflar a descrença e, consequentemente, o ódio entre as pessoas agarradas ao materialismo e à ilusão de uma existência única, desbordando-se nas extravagâncias do gozo à exaustão.

As resistências físicas e morais dos seres humanos são muito frágeis... Quando fustigados e despertados para as sensações enganosas, enlouquecem e tudo trocam pelo estranho gozo que os consome rapidamente... Nesse momento, voltam-se para as benéficas experiências do serviço de amor em que se comprazem e se fortalecem, voltando ao vigor perdido. Tem sido sempre assim, desde o período mitológico do pensamento.

O que o amigo vem fazendo é de uma covardia incomum...

– A que se refere? Não lhe entendo a frase.

– Claro que sim. Refiro-me à sua contínua e perseverante perseguição à nossa irmã Malvina, especialmente depois de declarada a guerra. Antes ela sofria a injunção dos inimigos da sua cristalina mediunidade, mas agora é um combate incessante para que não tenha resistência de levar adiante conosco o compromisso que assumiu antes da reencarnação. Vemo-la crucificada em dores e, ademais, sob camartelos de pensamentos perversos que a atormentam e ferem os sentimentos, ameaçando-a de mil formas possíveis de amedrontá-la...

Ela é imbatível porque se apoia na oração e no trabalho da caridade com amor, é abnegada e experimenta o imenso prazer de servir em nome de Jesus, e você bem como os seus biltres esvoaçam em seu contorno, quase não lhe dando trégua para os momentos de paz e alegria.

– É claro que sim! É nossa inimiga e está do outro lado do exército, no lado contrário. Ela é a porta de comunicação, o aparelho que tem desbaratado muitos planos nossos, graças à sua mediunidade. Que pague em lágrimas, o que nos perturba de contínuo.

Odiamo-la com todas as veras do coração. Particularmente, depois que me assenhoreei de algumas suas experiências do passado, detestei a infame e me utilizo – aliás, não sou apenas eu – dos seus calcanhares de aquiles para poder domesticá-la... E afirmo que ela cederá. Está fraca e oscilando, portanto, em um bom momento para nós.

– O que o amigo não sabe é que providências efetivas dos seus guias espirituais concederam-lhe maior prazo para o serviço, prolongando-lhe a existência, mesmo com as dores, que terminarão por sublimá-la. Ou desconhece que a dor resignada e bem vivida constituía bênção de Deus àqueles aos quais Ele ama? Aqui estamos a ajudá-la e o trouxemos *aqui* – sublinhou o verbo – *para este encontro que muito nos felicita.*

O inimigo percebeu o que ele quis dizer e verberou furioso:

– Vimos, eu e todos que aqui estamos, porque eu sabia que era uma batalha que iríamos travar, e eles esperam somente um sinal para demonstrarmos nossa força, fazendo aqui uma baderna.

– Prevendo qualquer atitude dessa natureza, muito comum a amigos como você, também tomamos providências...

Muito difícil descrever a ocorrência inesperada.

O comunicante começou a falar em árabe e a gesticular fazendo movimentos ritualísticos, como num transe religioso, e os acompanhantes puseram-se a gritar e a fazer soar pequenos tambores que retiraram das longas indumentárias, enquanto cantavam com extravagante ritmo.

Alguns deles retiraram os mantos que os envolviam e deparamo-nos com um grupo feminino em quase total nudez, que, ao ritmo da música selvagem, puseram-se a dançar de maneira luxuriante, e a sala, antes debilmente iluminada, foi invadida por uma nuvem densa com aves estranhas e lúgubres que crocitavam em desordenada algazarra...

Os encarnados iam ser *fisicamente* agredidos, quando caíram uns cones transparentes que os envolveram e, subitamente, uma luz mirífica desceu como se fora um manto protetor e a claridade voltou ao normal, porém, em tonalidade azulácea, na qual centenas de pontos luminosos mais fortes brilhavam incessantemente.

No mesmo instante, adentraram-se na sala alguns Espíritos trajados de forma inusual, sufistas, que pareciam em transe, em razão do semblante iluminado e sereno, que começaram a recolher os atormentados que tentavam gerar tumulto.

Os tambores pequenos silenciaram e uma doce voz fez-se ouvir, saindo de um foco de luz que flutuava na sala e lentamente tomou a forma feminina:

– Ibn, Jesus compadece-se de ti e pede-me para recolher-te ao meu coração de mãe saudosa! Não blasfemes mais e sê dócil à voz da Verdade.

Acercou-se nimbada de claridade brilhante e aproximou-se da médium em transe profundo.

O Espírito que a incorporava deu um grito, gesticulando e falando árabe, atirou-se-lhe nos braços acolhedores.

Os sufistas, que ainda estavam no ambiente, acompanharam-na e desapareceram com a nobre Entidade.

A médium foi carinhosamente amparada, enquanto Cláudio lhe aplicava passes e respirava-se o suave odor de rosas.

Um grande silêncio tomou conta do ambiente e emoções variadas agradeceram à Misericórdia Divina.

Parte de uma grande luta espiritual encerrava-se sob o orvalho da oração, abrindo novos capítulos para o futuro.

A devotada médium vinha sofrendo ultimamente mais investidas do que anteriormente, pelo fato de sua entrega total ao ministério da paz entre as criaturas e especialmente em razão dos acontecimentos tenebrosos fomentados pelos adversários da Luz e semeadores das sombras do mal.

Agora, por certo, embora continuasse o cerco dos inimigos do Cristo, as dores da médium seriam atenuadas, em face de ser o irmão Ibn o responsável mais direto pelo nefando cerco.

Havia, naturalmente, outros adversários que permaneciam a distância sob o domínio das mentes demoníacas, gerando sofrimentos e programando desaires para os trabalhadores da paz.

A pandemia traiçoeira que se abatia sobre a Humanidade e trazia uma programação destrutiva de grande porte também responderia por muitos outros males que assolariam os países em geral, as comunidades em particular e as criaturas especialmente.

Aqueles que se recuperavam da doença ficavam marcados com as cicatrizes morais na alma e nem sempre reconhecidos a Deus pela cura de que foram objeto. Além disso, os dramas econômicos que irão sacudir os povos em recuperação quando passar os seus momentos mais cruéis, a incidência de crimes de muitas naturezas, os rancores acumulados e os sentimentos de vingança inútil continuariam consumindo populações volumosas.

Ademais, os problemas dos relacionamentos políticos abalados, dos contratos não cumpridos, das suspeitas surdas e declaradas, dos espectros da fome e da miséria econômica resultantes dos períodos de quarentena, sem trabalho, sem produção e em reconstrução lenta eram os dolorosos efeitos que coroariam os futuros dias de paz, quando chegassem.

Desse modo, instalaram-se as pandemias morais da indiferença pela dor do próximo, pela sobrevivência de alguns que foram poupados, ao lado, certamente, das bênçãos que deveriam servir de alicerce a todos para a construção de uma nova sociedade, de instituições com outros valores e de uma Humanidade mais compatível com as Leis de Deus.

Naquele momento, porém, o ministério de socorro imediato caracterizava-se pela compaixão, pela necessidade de diminuir os danos e o contágio pessoal, renovando o ânimo de todos que se encontravam abatidos e desconfortáveis.

A reunião mediúnica teve prosseguimento, porquanto a nossa Amália entrou em transe e imediatamente o irmão Spinelli foi atendê-la.

Tratava-se de um recém-desencarnado pela Covid-19.

A sua situação era deplorável pelo sofrimento que exteriorizava, debatendo-se na organização mediúnica e suplicando socorro para não desencarnar...

Era um cavalheiro de 58 anos, aproximadamente, que fora diabético e tivera vários episódios de AVC, havendo sido contaminado por certa irresponsabilidade, tendo-se exposto em ambiente infectado.

O diálogo foi aflitivo porque o desencarnado não se houvera preparado de maneira alguma para a realidade do Mais-além.

Estava sendo atendido por solicitação do administrador Gracindo, que era seu filho e acompanhara o drama da enfermidade até a sua consumpção em menos de duas semanas.

Além do mais, a perturbação do genitor estava atingindo a viúva, que era muito sensível e nunca se preocupara em cuidar da sua realidade espiritual, apesar da dedicação do filho, convicto das verdades espirituais.

Mais duas comunicações tiveram lugar e as atividades foram encerradas à hora regulamentar, quando retornamos aos nossos cômodos e encaminhamos os reencarnados que haviam sido convidados à participação na tarefa ora concluída.

A madrugada avançava tranquila, aureolada de estrelas e de uma franja de luar distante.

"O amor, sem dúvida, é o melhor instrumento para facilitar a autodescoberta, o encontro com o Si mesmo, ajudar na aventura grandiosa de conquistar o infinito e plenificar-se."

Manoel Philomeno de Miranda • Divaldo Franco

10

O AMOR NÃO CESSA

No dia seguinte, quando nos reunimos sob a copa de uma velha árvore que esplendia de verdor e a temperatura do amanhecer estava amena, acompanhamos o início dos labores na Comunidade Espírita.

Durante toda a noite a movimentação fazia-se expressiva, em razão do atendimento de Espíritos vinculados ao programa de socorro e de iluminação de consciência da respeitável Instituição terrestre.

Era também um posto de repouso para grupos espirituais que operavam na cidade e ali possuíam os recursos de refazimento, com aparelhagens especiais para a comunicação direta com as organizações do Mais-alto.

A partir das oito horas da manhã, um bom número de servidores espíritas se encontrava nas salas respectivas do atendimento fraterno, dos passes, dos grupos de estudos, bem como de assistência espiritual a desencarnados na sala de que nos utilizáramos há poucas horas.

Tratava-se de uma colmeia de amor sob todos os pontos de vista considerados.

Serviço e orações vibravam no ar, leituras edificantes eram divulgadas por aparelhos de som, e todos se movimentavam em ambos os planos da vida com objetivos elevados para a edificação do bem sem limite.

Utilizando-me de um momento silencioso de reflexões antes de iniciarmos a atividade que nos dizia respeito, interroguei o amigo Gracindo, que confraternizava conosco e demonstrava um bom humor contagiante.

– *Fiquei surpreendido* – iniciei o diálogo – *com o carinho que a médium Malvina recebeu de todos os membros da nossa caravana, mas também dos diretores espirituais da Instituição. Vendo-a frágil, agigantou-se durante o fenômeno mediúnico e, apesar das dores que a martirizam, a mediunidade esplendeu em grandeza durante as comunicações de que fora instrumento, especialmente naquela que envolvia o amigo Ibn.*

O diretor sorriu generosamente e explicou:

– *Nossa querida irmã foi preparada muito antes da reencarnação para o ministério que vem exercendo com a fidelidade possível. Quando a obra foi planejada, por volta de 1830, em nossa comunidade residencial, ela foi destacada para ser a médium encarregada de todo o planejamento e por um longo tempo da estruturação no plano material.*

Não é a primeira vez que exerce a mediunidade, sendo que, desta vez, profundamente vinculada ao Evangelho de Jesus, para o serviço da caridade e da construção do Reino de Deus nos corações de todos nós. A vivência anterior na mediunidade foi uma espécie de adestramento para experienciar nos dois planos da vida naturalidade, adquirindo resistências para as lutas de edificação.

Disciplinada pelos mentores espirituais, foram-lhe traçados os roteiros que deveria percorrer para serem bem executados os programas superiores. Ela própria elegeu a forma feminina, por considerar a mediunidade uma delicada expressão de maternidade temporária e rápida, quando ocorrem os fenômenos de incorporação ou de psicografia, acolhendo os desconhecidos com ternura e mantendo uma alta sensibilidade em razão dos hormônios que tipificam a organização somática da mulher.

Desde cedo, no corpo físico, passou a ver e ouvir, assim como a ser instrumento de Espíritos, especialmente os zombeteiros, embora a proteção dos mentores.

A Misericórdia Divina sempre a protegeu do mal, facultando que tivesse uma infância católica muito acentuada, treinando a mente e o coração na doce Mensagem de Jesus e de alguns santos que a fascinavam.

Depois de muitos incidentes e quase obsessão, aprendeu a dedicar-se à mediunidade, sendo dócil às orientações dos Espíritos. Isso lhe permitiu conviver com alguns médiuns, adquirindo experiências no comportamento, entendendo as ciladas e desafios propostos por adversários do passado e inimigos do bem, que se compraziam em fazê-la sofrer com o objetivo de perturbar-lhe a tarefa e anulá-la nos objetivos para os quais renascera.

Silenciou, pois que, nesse momento, com alguma dificuldade de caminhar, a servidora de Jesus passou em direção à sua sala de atendimentos.

O benfeitor sorriu compassivo e continuou com gentileza:

– A faculdade mediúnica é um tesouro que os ladrões espirituais *desejam roubar, de modo que fique ao abandono e se torne instrumento de desequilíbrio humano e social.*

Por outro lado, nunca lhe faltaram amigos de ambas as esferas, auxiliando-a a defender-se e a perseverar com ânimo e alegria de servir.

Quando os médiuns sinceros compreenderem o significado da mediunidade como ponte entre os dois lados da existência, muito mais fácil ser-lhes-á o trânsito, porque a sua movimentação estará sempre assegurada pelos valores da sua vida moral e de seus exemplos de abnegação e de caridade.

Podemos asseverar que os seus guias espirituais investiram 120 anos para estarem ao seu lado até o momento de concluído o ministério.

Muitos companheiros no Movimento Espírita ainda não compreenderam qual é a função da mediunidade e o calvário que está reservado aos seus servidores, em razão do seu passado moral, e depois pela elevada razão de servirem de pontes aos benfeitores da Humanidade no seu programa de amor e paz entre os seres humanos.

No começo dos fenômenos organizados, os médiuns eram acusados de enfermos mentais, charlatães e narcisistas, com algumas razões, entre outras o desconhecimento da Doutrina Espírita, que possui as recomendações saudáveis para o seu exercício correto... Mais tarde, em face do respeito com que viveram muitos servidores da mediunidade com Jesus, foram, e continuam sendo, combatidos pelos companheiros, inspirados pelos inimigos da Causa do Senhor e por sentimentos inferiores outros, comuns a todos nós.

Mas aquele que perseverar até o fim, como ensinou o Mestre, terá conseguido o êxito.

Nestes dias, a necessidade da vivência mediúnica à luz sublime do Espiritismo é urgente, mas as distrações e licenças morais têm sido portas abertas na direção do abismo da indisciplina e do fracasso.

Confiamos, porém, em Jesus e naqueles que O amam com dedicação e compreendem o compromisso firmado, dedicando-se-Lhe em caráter de doação sincera.

Havendo-se calado, eu tive ensejo de perguntar-lhe:

– *Vejo-a enferma e cansada. Não seria justo que se poupasse um pouco?*

– *Sim* – respondeu afável –, *porém o mérito se adquire através do esforço que se envida para cumprir com os deveres, mesmo que "com os joelhos desconjuntados", como afirmou o Apóstolo das Gentes.*

Olhe-a com mais cuidado – solicitou.

Pude perceber que, nos movimentos que lhe causavam dores físicas, ela recebia o *prana* da Natureza, que lhe era aplicado por generoso amigo espiritual que a acompanhava aos outros deveres...

As lágrimas vieram-me aos olhos.

Em nossa Esfera, várias vezes escutei referências carinhosas à nobre irmã, comentários esses de gratidão e afeto de beneficiários do seu amor.

Era-me uma bênção encontrar e conviver com uma verdadeira cristã, à semelhança daqueles seguidores fiéis de Jesus desde a primeira hora.

Naquele corpo frágil, que se dobrava ao peso das provações vencidas, estava uma heroína que parecia não se ajustar aos padrões de beleza para a performance dos tipos atuais, que chamam a atenção pela aparência e comovem pela maneira de comportar-se nos padrões da modernidade.

O amigo acrescentou, encerrando o tema:

– Ela está assinalada pelos odientos inimigos do Senhor para sofrer perseguições cruéis até a hora final.

Ela tem conhecimento, mas não parece preocupada.

Algo que a embaraça é a fama, essa grande inimiga da humildade, porquanto, conhecida pela fidelidade mediúnica, é consultada para banalidades, elogiada de maneira desagradável, quando preferiria ser ignorada, porém, fiel ao compromisso assumido na Espiritualidade.

Chegando ao hospital, tivemos a atenção voltada para a enfermeira de quando chegamos, a qual atendeu uma paciente que estava sendo maltratada e logrou resolver-lhe a problemática, não apenas a auxiliando, como também a encaminhando para o de que necessitava.

A beneficiária ficara-lhe infinitamente reconhecida e, logo que melhorou a saúde, buscou-a, a fim de agradecer-lhe, o que a felicitou e constrangeu ao mesmo tempo, porque nada fizera além do dever que lhe cabia.

Vive-se uma hora na qual a sociedade surpreende-se com a gentileza, a bondade, a demonstração de reconhecimento. De tal forma o indivíduo humano tem-se brutalizado que aquilo que é normal, digno de ser vivenciado, causa espanto e mesmo surpresa. Acostumou-se tanto aos maus-tratos que o dever parece uma grande virtude em desaparecimento.

A paciente era um Espírito nobre em prova redentora, como muitos outros surpreendidos pela pandemia.

Esse inestimável recurso de que a Divindade se utiliza, a fim de chamar a atenção das criaturas humanas em sua pequenez ante a grandeza da Criação, tem sido um instrumento de reequilíbrio para facilitar o entendimento das Leis Soberanas, trabalhando em benefício da evolução do ser. A transitoriedade do corpo tem que ceder ante a fatalidade imortal, por cujo mecanismo se atinge o ápice da plenitude.

O desprezo dos valores ético-morais em benefício da corrupção interior através dos vícios e mecanismo dos duvidosos prazeres engendrou a proliferação dos vírus que geram as enfermidades diante das quais se dobram as mais perversas convicções incapazes de eliminá-los. Nas mentes viciosas e carregadas de culpa encontram-se as energias mantenedoras dos elementos vitais que destroem ou transformam as construções orgânicas.

O amor, sem dúvida, é o melhor instrumento para facilitar a autodescoberta, o encontro com o Si mesmo, ajudar na aventura grandiosa de conquistar o infinito e plenificar-se. Quando recusado, existe a opção B, por eleição do próprio indivíduo, que é o sofrimento purificador ante cujo impacto nada ele pode, senão submeter-se para despertar para a realidade um pouco mais adiante.

A senhora Francisca, a humilde beneficiária da gentileza feita pela funcionária da saúde pública, é um Espírito nobre revestido na indumentária da pobreza, a fim de melhor servir à Humanidade. Faz parte desse grupo de heróis anônimos sobre os quais se fincam os alicerces da legítima fraternidade sem as aparências mundanas habituais.

Muito sensível às influências espirituais, tornara-se uma benfeitora singela do bairro em que reside, procedendo a curas mediúnicas sem que tivesse noção consciente dos fenômenos que operava.

Agora, sob a ação da Covid-19, pôde detê-lo em razão de haver sido atendida aos primeiros sintomas, logrando a felicidade de ter recebido a medicação muito discutida quanto aos seus efeitos, mais por questões políticas infelizes do que constatadas cientificamente.

Muitas vidas seriam salvas da pandemia se os interesses de muitos indivíduos, desde os laboratórios de pesquisas científicas até as receitas médicas, não sofressem o abuso dos jogos demoníacos das paixões servis.

Esta é uma batalha oculta de efeitos danosos para a sociedade, inclusive pelo desinteresse pelas vidas serem salvas ou não, em razão do dinheiro fácil, dos lucros exorbitantes e criminosos.

A pandemia da Covid-19, no Brasil e em muitos outros países, tem sido vítima da obstinada campanha da exploração das massas e até mesmo de alguns ditos benfeitores que são proprietários dos laboratórios de pesquisa e produção de vacinas e de medicamentos curativos.

Nesse sentido, o ser humano, com as suas nobres exceções, é vítima desditosa do poder a que aspiram e no qual estertoram e desencarnam, vitimados por essa fatalidade para a qual não há exceção.

Vendo a simplória senhora agradecendo à sua benfeitora, quebrando as recomendações de manutenção da máscara e do isolamento, acompanhada de diversos Espíritos amigos e gentis, acerquei-me de um deles, que me parecia muito vinculado ao coração da enferma e perguntei-lhe o porquê de ela sair do leito modesto e correr o risco de ser instrumento de contaminação e mesmo piora do seu quadro?

Ele respondeu-me gentilmente:

– Em a noite passada, embora a aparente melhora que se lhe observa, ela é cardíaca e o ignora, deverá desencarnar em poucos dias, sendo vítima de agravamento do seu estado de um para outro momento, por complicação no órgão com problema.

Ela percebeu que algo vai acontecer-lhe e veio despedir-se, sem o dizer, da moça bondosa, neste momento com problema afetivo muito grave, ao lado da desencarnação do pai e do irmão, o que a vem desequilibrando emocionalmente. O seu sentimento de gratidão, expresso nesse contato, tem objetivos futuros, após a sua desencarnação: auxiliar a enfermeira na prática da caridade, tendo-a como inspiradora.

Tudo está ocorrendo de maneira inconsciente, mas que nos é do conhecimento, e a inspiramos na decisão.

O seu gesto terá um grande efeito na moça que, uma ou outra vez, tem pensado em suicídio, pela solidão que experimenta, vítima também da perseguição de cruéis adversários do passado, alguns dos quais foram atendidos recentemente.

Ela ficará tão impregnada desse amor singelo que nos facilitará ajudá-la e preparar-lhe campo para ações futuras.

Sorrindo, ele concluiu:

– "Nada se perde neste mundo de meu Deus", conforme uma forma popular de expressar a Sabedoria do Pai.

Observei que a jovem conversava animadamente com a paciente, mantendo uma regular distância e agradecendo com emoção maior do que o fato impunha.

Era compreensível, porque naquele momento ela encontrava alguém que a valorizava, superando o impacto do abandono de que fora vítima pelo afeto a que se vinculava.

Aproximei-me, numa tentativa e interesse de aprendizagem, e ouvi a enfermeira dizer-lhe:

– A senhora não sabe do significado da sua visita neste momento de exaustão e dor...

A visitante respondeu-lhe, calmamente:

– Eu sinto que vou morrer, mas do Céu eu virei cuidar da senhora... Tenho certeza...

A jovem tentou dissuadi-la com palavras amigas e despediu-se bastante comovida.

No diálogo rápido, observei como o Espírito com quem eu falara inspirava a paciente com ternura paternal.

Por sua vez, notei que o seu genitor, que houvera desencarnado fazia poucas semanas, encontrava-se enleado dos fluidos da perturbação, pedindo socorro à filha, que, não sabendo o de que se tratava, experimentava uma significativa angústia. Atribuía esse estado ao drama pessoal que a martirizava. Em realidade eram várias condições conjuntas que se somavam, afligindo-a e roubando-lhe as forças.

Quando a senhora Francisca saiu, a jovem buscou a sombra de velha mangueira no jardim, necessitando do ar puro da Natureza, e sentou-se num banco de marmorite que a circundava. Recordou-se do genitor nos seus momentos finais e começou a orar, rogando a proteção divina.

O nosso Cláudio, que comigo acompanhava a cena, acercou-se carinhosamente e pôs-se a aplicar-lhe passes longitudinais, culminando por retirar o pai em perturbação, e solicitou a dois auxiliares que estavam em nosso grupo que o conduzissem ao lugar de recolhimento.

A prece é sempre o recurso precioso para ser utilizado em qualquer situação, porque, ninguém estando a sós, aquele que ora facilita a comunhão com a transcendência, proporcionando aos bons Espíritos ajudá-lo e afastando os maus, que sempre são beneficiados pelas vibrações que emanam da prece.

Tudo é vinculação do amor nas suas múltiplas manifestações.

"O espírita verdadeiro é discreto nas suas atividades, sempre vigilante com as suas más inclinações. Faz questão de ser simples e gentil, poupando-se aos comentários elogiosos e nem sempre edificantes. Tal ocorrência, no entanto, somente é possível quando se tem convicção da imortalidade da alma e do destino que cada qual está construindo para amanhã."

Manoel Philomeno de Miranda • Divaldo Franco

11

OS JUSTICEIROS

Durante todo o tempo, nosso grupo esteve em atividades no hospital, inclusive inspirando os terapeutas e auxiliando-os no esforço gigantesco de atender aos pacientes que estavam chegando em número expressivo.

Alguns eram reencaminhados ao lar, a fim de aguardar o pronunciamento mais significativo da doença, devendo retornar dentro de alguns dias, mas outros necessitavam de atendimento urgente.

Enquanto se discutia quais os medicamentos de urgência para aplicar, num terrível combate entre políticos infelizes, indiferentes ao sofrimento do próximo, os médicos tinham ordens perturbadoras dos diretores dos nosocômios, que ora atendiam as exigências de uma como de outra autoridade diferente.

Enquanto isso, uns pacientes pioravam e outros morriam... O desespero atingia as massas, e as vibrações que invadiam o hospital eram de muito baixo nível, fazendo parte a raiva, o medo, a insegurança e as paixões desoladoras.

Cumpria-nos inspirar os médicos na aplicação daquele remédio que estava dando melhores resultados, mesmo que pudessem apresentar depois algum efeito colateral. A verdade é que alguns medicamentos, embora não sejam os ideais, mesmo porque ainda não se pôde produzir uma vacina preventiva, que é a melhor solução, restabelecem os pacientes com mais rapidez. Se tomados aos primeiros sintomas, impedem o prosseguimento da virose, o que constitui uma verdadeira bênção.

Cada momento aplicado na ação de crescimento interior no cumprimento dos deveres retos constitui valiosa aquisição para o processo de crescimento interior.

Dessa forma, em atividades contínuas, com dias mais turbulentos e outros nem tanto, passamos o primeiro mês em nosso labor realizando as sessões mediúnicas para atendimento dos dramas obsessivos mais perturbadores, como também das agressões de baixo nível à nobre Instituição que nos albergava, acompanhávamos preocupados o desenrolar dos acontecimentos.

Enquanto baixavam os índices de contaminação em diversos países europeus, no Brasil a virose perversa encontrava campo aberto mais amplo para o seu mister.

Em reuniões sucessivas, o nosso irmão Spinelli apresentava os melhores caminhos para o nosso trabalho, e não descurávamos de manter contato com outros grupos espalhados pela nacionalidade brasileira, como também realizávamos reuniões de discussão de resultados, a fim de alterarmos comportamentos e tomarmos atitudes compatíveis.

Aprendíamos a cada dia como atender condutas tão diferentes numa sociedade em desenvolvimento, cujos valores éticos são sempre postos de lado em face dos interesses inferiores que predominam.

As comunicações virtuais ofereceram uma grande contribuição na propaganda das informações que necessitavam alcançar as massas. Mesmo aí, o mau uso que se passou a fazer desse notável instrumento de comunicação facultou prejuízos inestimáveis, levando o pavor a pessoas desequipadas de discernimento, a outras fracas na fé religiosa e na Humanidade, havendo campeonatos de *fake news* (notícias falsas) em que se destacam a difamação, a tragédia, as informações mais astuciosas e as denúncias que desarvoram os internautas.

Quando passar a imensa tempestade, teremos problemas muito graves no comportamento dos sobreviventes, com preferência em torno da autenticidade das informações e da dignidade humana. Transtornos emocionais e obsessivos, resultantes destes dias de isolamento social para aqueles que não estão acostumados com a vivência no lar e sempre optaram por festas, balbúrdias e ações constrangedoras, contribuindo para sofrimentos espirituais muito graves.

Nosso compromisso com o dever também incluía os cuidados de natureza preventiva em relação ao período vindouro, embora ainda demore um pouco de estabelecer-se, criando bases de segurança conforme o Espiritismo para servir de apoio à construção da nova ordem social.

O emérito Allan Kardec, fazendo uma análise quanto aos diversos períodos do Espiritismo, elucidou que o quinto e último seria o da *renovação social*, exatamente este a que nos estamos referindo.

No período de agravamento da doença e dos comportamentos, muitas pessoas surgiram desejosas de ajudar, mas sem preparo cultural e doutrinário, em nossos arraiais, utilizaram da *Internet* para apresentar consolo e diretriz, notícias do Mundo espiritual em mensagens destituídas de legitimidade, com maior objetivo de aparecerem, de chamarem a atenção para o *ego*, do que auxiliarem no esclarecimento e socorro aos necessitados.

Quaisquer notícias e oportunidade sempre oferecem espaço para os aventureiros que anelam pela promoção de si mesmos, sem nenhum compromisso com o Evangelho, formando grupos de desinformados e de inspirados pelas trevas, numa competitividade de uns contra os outros verdadeiramente lamentável.

É compreensível que isto aconteça, mas é muito preocupante constatarmos que nem mesmo o sofrimento nestes momentos desperta a sensatez, o respeito, a conduta severa e ideal.

Os interesses mesquinhos suplantam no indivíduo imaturo e o atiram às lutas doentias do exibicionismo e competitividade.

O espírita verdadeiro é discreto nas suas atividades, sempre vigilante com *as suas más inclinações.*

Faz questão de ser simples e gentil, poupando-se aos comentários elogiosos e nem sempre edificantes.

Tal ocorrência, no entanto, somente é possível quando se tem convicção da imortalidade da alma e do destino que cada qual está construindo para amanhã.

Especialmente os médiuns devem precatar-se de *revelações* de pavor, porém, sempre contribuindo em benefício da esperança e da paz, de modo a estimular todos a um comportamento digno, mesmo diante de situações muito embaraçosas. A fé verdadeira sempre está presente em todos os momentos no crente, orientando-o na direção do bem e da fraternidade que deve viger em todos os relacionamentos.

A atual pandemia tem isso, é uma grande instrutora das massas, mesmo quando propicia dores inomináveis. Mas se trata de precioso recurso da Vida a fim de demonstrar a transitoriedade do corpo e a perenidade do ser.

Mantendo em pauta os compromissos que nos diziam respeito, não deixávamos de atender o abençoado programa de desobsessão dos indivíduos, especialmente daqueles que se dedicam ao bem e atraem a animosidade dos Espíritos impiedosos e perversos, que se comprazem em afligir e degradar.

Observávamos, na Instituição onde nos hospedávamos, o esforço contínuo dos benfeitores espirituais, dirigido à imensa clientela que acolhia, mas principalmente aos responsáveis encarnados pelas bem dirigidas atividades do seu programa doutrinário fiel às diretrizes da Codificação.

Observamos, por exemplo, que o presidente, verdadeiro homem de bem, era perseguido com inclemência por um grupo de Espíritos que se denominavam como *justiceiros.*

Eram muitos aqueles que se homiziavam no grupo e se diziam *injustiçados* pela Divindade.

Através dos tempos, reuniram-se em uma comunidade de nível inferior, estruturando-se com os elementos de que podiam dispor, a fim de colimarem os objetivos que acalentavam nos sentimentos desvairados.

Imitando o *Inferno* tradicional, elegeram umas furnas próximas a uma região pantanosa, que eliminava miasmas doentios, portadores de elementos tóxicos da matéria em decomposição e de muitos elementos deletérios, baseando-se nas velhas informações religiosas do passado. Ali construíram recintos dedicados a punições, prisões terríveis, instrumentos punitivos, ambiente apavorante e elegeram os mais perversos entre eles para formarem o *tribunal de justiça*. Não lhes faltou a ideia infeliz de também organizar um tipo de polícia e, à semelhança do que se realiza no planeta, elaboraram técnicas de perseguição contínua em programas muito bem elaborados, com todos os detalhes que facilitam os constrangimentos e domínios sobre aqueles que têm o dissabor de serem eleitos pela sua alça de mira.

Quanto às suas vítimas resistentes pela oração e pela conduta, seguidas e vigiadas com grosseria e continuidade, dispuseram-se a interagir com elementos psicológicos e técnicos contra elas dirigidos, tornando-se uma organização maléfica de efeitos danosos contra a sociedade por um todo e os espíritas especialmente.

A questão contra os espiritistas fundamentava-se, normalmente, num sentimento de ódio espontâneo, porque nesses viam inimigos, isto é, pessoas que, dedicadas ao Mestre de Nazaré e à ética do amor, da verdade e do bem, arrastavam muitos daqueles contra os quais eram hostis. Investiam, portanto, com rancor e violência, atacando os seus *calcanhares de aquiles*, o ponto vulnerável que existe em todos nós, perseguindo-os com inclemência.

As Divinas Leis permitiam tal injunção, porque os *obreiros do Senhor* são ainda Espíritos em processo de expiação, de purificação de muitos agravos ao equilíbrio cósmico, que devem reajustar. Por sua vez, permaneciam amparados na medida em que se permitiam agir com elevação cristã ou não se deixavam induzir pelos antigos vícios, nos quais eram estimulados, ou pelas chagas morais resultantes do seu comportamento atual.

Muitos indivíduos possuem sentimentos nobres e desejam reabilitar-se, mas, por indisciplina e comodidade, não lutam com o mesmo empenho para superar as tendências primitivas e tombam nas armadilhas bem elaboradas desses estranhos personagens que se atribuem o direito do mal para a vitória e comando das vidas terrestres, uma das suas utopias, filha do orgulho e do horror.

Neste momento de aflições variadas, eles próprios, os *justiceiros*, denominaram o período como sendo de *libertação*, atacando com ferocidade os a quem chamavam adversários, muitos dos quais têm caído nas várias ciladas em que foram atirados, vitimizando-se por descuidos morais e espirituais.

Por outro lado, merece reflitamos que todos procedemos de um pretérito nebuloso em que a opção do erro foi a nossa constante, diante das incomparáveis bênçãos a que todos nos chegaram no transcurso do tempo.

Número expressivo que hoje está tentando refazimento nas hostes do amor e da Verdade, trazemos as chagas não cicatrizadas dos gravames que nos permitimos, mesmo quando advertidos e comprometidos em reencarnações formosas que não soubemos aproveitar.

Essa mancha no caráter abre campo vibratório para sintonizar com esses elementos maldosos, que, sem dar-se conta, são transformados em instrumento das Leis de Justiça, que fingem conhecer. Igualmente, estamos no momento anunciado para a mudança do planeta para ordem superior e nos encontramos informados muito bem deste período de transição para o mundo melhor. Enquanto nos renovamos e contribuímos para a mudança da psicosfera da amada Terra, nossa multimilenária genitora, teremos que melhorar vibratoriamente ou, alucinados e sem a decisão de avançar, sermos exilados para outro domicílio em nosso Sistema Solar, conforme já vem ocorrendo.

Criminosos cruéis, liberados de regiões infelizes para desfrutarem de sua última oportunidade, estão renascendo desde há alguns anos e infectando mais o mundo, tendo a dita de poder escolher o melhor comportamento, o que equivale a dizer, o seu futuro espiritual.

Quando vemos a hediondez, o cinismo, os crimes disfarçados que os indivíduos vêm praticando, especialmente neste momento de luzes e sombras, não temos dúvida de que uma terrível geração de Entidades infelizes, quase demoníacas, encontra-se no cenário do planeta reencarnada, que ainda prefere a manutenção dos desaires e crimes hórridos em que se comprazem.

Leis absurdas elaboram, a fim de tornarem legítimos os tremendos e inomináveis crimes de destruição da família, de corrupção da juventude, de desrespeito à ética e a qualquer procedimento digno, em favor da leviandade e do mentiroso prazer sensual e degenerativo, levando a um retrocesso de conduta que já foi vencido pela evolução moral. É lamentável ver-se o vazio existencial, a falta de interesse das questões nobres da existência e a preferência pelas drogas, pelo sexo desalinhado, pela miséria e vitimismo, assim como a desconsideração por si mesmo, através de esportes suicidas, mas exaltadores da loucura egoica, ao lado das perversões e dos seus efeitos nos transtornos emocionais e doenças psiquiátricas que se permitem.

Retornados de regiões muito primitivas e sem qualquer princípio de equilíbrio e de ordem, estabelecem as mesmas regiões nos imundos recintos que vão habitar por espontânea vontade, agredindo-se e afligindo a sociedade com o seu estado de carência e de decomposição pessoal.

Verdadeiros fantasmas deambulam pelas ruas, saindo dos monturos, em busca de mais uma dose, enquanto outros estão em funções administrativas e são extravagantes, irresponsáveis, geradores das situações às quais os primeiros se atiram sem pensar.

Antigos soberanos e senhores poderosos na maldade e nas dissipações, devassos que degradaram nações e povoados, multidões e vassalos, soldadescas desarvoradas que incendiaram aldeias ou escravizaram outros povos, para se manterem na luxúria e na crueldade, voltam a administrar sob os mesmos estilos, inspirados por esses inditosos comparsas que estão no Além na condição de *justiceiros*.

A paisagem mental de todos eles, os na miséria econômica e os outros na moral, é densa e chocante, em face do número de *vampiros* que os assessoram, *ovoides* e outros indefiníveis *demônios* que a imaginação desequilibrada pode mentalizar e construir de maneira fluídica.

A *limpeza* espiritual, portanto, está sendo feita, já desde há algum tempo, agora no seu apogeu, sob o amparo da pandemia e de outras convulsões físicas do planeta em ordenamento das suas camadas e equilíbrio do seu eixo...

Logo depois, porém, o sol do amor voltará a brilhar, a ordem substituirá o desalinho, o bem que sempre existe sobrepujará qualquer tipo de maldade, e o ser humano, no seu *habitat* querido e feliz, cantará hosanas e loas ao Senhor de nossas vidas.

Cabe-nos, pois, agora e sempre, permanecermos vigilantes e ativos na ensementação dos valores que constituem e mantêm a vida em todas as formas de expressão.

Em consequência, a população espiritual do momento é compacta e constituída por muito sofrimento, esperando que as bênçãos do *Consolador* diluam as faixas densas de ódio e dor num amanhecer de alegria e ventura, conforme nos está prometido e assim será.

Terminada a Segunda Guerra Mundial, foram destruídos alguns campos de concentração e de extermínio do nazismo, e se teve a ideia de que as pessoas voltariam à sensatez, ao equilíbrio. Entretanto, o monstro das guerras continuou destruindo vidas e culturas, novos campos de desespero têm sido criados, e os pensamentos de angústia, desespero e ausência de fé passaram a construir a psicosfera hoje mais intoxicada pelas edificações mentais dos desditosos variados.

Os intelectuais da desgraça coletiva das massas funcionam como antenas desses Espíritos que semeiam na filosofia as ideias de perversão, de anarquia, de destruição e de prazeres degradantes, aos quais se atiram os seus aficionados, e são responsáveis pelos infinitos males que corrompem a sociedade e os conceitos de viver.

Teledirigidos por Espíritos equivalentes, a eles semelhantes, que ficaram na Erraticidade, enquanto eles retornaram ao palco terrestre, são geradores dos infinitos problemas na Humanidade.

Felizmente, acima de todos eles, encontra-se Jesus e a Sua filosofia do amor, que corrige e ampara, sem nunca deixar a sós aqueles que O buscam na sua ânsia de serem felizes.

"A predominância dos instintos primitivos caracteriza estes dias, porém, defronta os sentimentos de beleza e amor que vicejam, embora muitas vezes asfixiados pela crueza dos atormentados.

É certo que marchamos para a vitória da luz sobre a escuridão, do equilíbrio sobre o destrambelho das emoções, e a Vida está sempre encarregada de perpetuar-se conforme o princípio insuperável da sua origem."

Manoel Philomeno de Miranda • Divaldo Franco

12

APROFUNDANDO EXPERIÊNCIAS

O irmão Gracindo dedicava-se ao trabalho na Instituição com devotamento invulgar.

Casado e pai, enfrentava dificuldades conjugais na intimidade da família. A esposa, facilmente influenciável pelos Espíritos e rebelde às diretrizes do Espiritismo, criava-lhe muitos problemas, que mais o empurravam para o formoso refúgio espiritual da Instituição. Os filhos, por sua vez, recebiam mais a influência da genitora, porque o pai era funcionário público e o seu tempo era muito dividido entre os deveres remunerados e a obra social de Espiritismo.

A princípio intentara muito em conduzir as crianças à evangelização, mas sempre encontrou resistência e dificuldades com a esposa, que se dizia vinculada a outra religião, embora não a professasse na conduta, como normalmente ocorre.

Pode-se perceber que o quadro para perturbações estava muito bem organizado.

Toda vez que as forças do mal queriam atingir o nosso irmão, utilizavam-se da atormentada mulher ou de algum dos dois jovens e de uma gentil menina.

Muitas vezes ele recebeu ajuda direta dos benfeitores através de Malvina, que o acompanhava com desvelo e amizade.

No período em que nos encontrávamos hospedados na Instituição que ele dirigia, observamos o seu sofrimento silencioso. Nesse ínterim, terrivelmente inspirada por um dos *justiceiros*, Dona Clementina apresentou uma queixa infame ao esposo, informando-o de que estava segura a respeito da sua fidelidade ao Espiritismo, por causa da médium por quem estaria apaixonado.

Tomado de surpresa ante a suspeita feroz e caluniosa da companheira, ele elucidou-a, demonstrando-lhe a própria nobreza de caráter, assim como da médium missionária e abnegada.

A princípio, o tema era abordado uma vez ou outra, mas recentemente se acentuou a situação, e ela ameaçou-o de provocar um escândalo, indo à Sociedade para desmascarar a farsante e acusá-lo de adultério.

A situação tornou-se grave, porquanto, apesar da quarentena, ele vinha com frequência ao Núcleo, tomando as precauções recomendadas, a fim de poder continuar administrando, agora de forma virtual, portanto, com muito mais trabalho do que anteriormente.

Em a noite anterior, acoimado pela doente obsidiada, ele compreendeu que se tratava de uma urdidura para desmoralizar o trabalho e lançar difamações na Doutrina Espírita. Percebendo tratar-se de uma ação mediúnica perturbadora, evitou a discussão que terminava em desastre verbal e recolheu-se à oração com entrega total da sua existência em favor da divulgação da verdade.

Um escândalo de tal porte refletiria nas milhares de pessoas que se beneficiavam de todos os recursos da Instituição, e ele não sabia como agir com serenidade e em defesa da verdade.

No momento em que orava, atraiu-nos e ao guia espiritual da Casa, que o acompanhamos no conúbio mental com a Espiritualidade e lhe transmitimos forças e coragem para o enfrentamento com o obsessor.

Inspiramo-lo a nada dizer à médium inocente, a fim de evitar mais sofrimento para ela e vinculação pelo pensamento com a fonte criminosa referta de energias destrutivas.

Aplicamos-lhe passes dispersivos, a fim de que a tensão nervosa resultante do diálogo agressivo diminuísse.

Beneficiado com o momento de oração e pelas vibrações decorrentes das energias da terapêutica fluídica, ele experimentou uma forte sudorese e do estado de ânimo exaltado voltou à normalidade habitual, confiante na proteção divina.

Como se fosse um paradoxo, recebeu um telefonema de pessoa amiga em desespero por questão doméstica de natureza idêntica, ciúme doentio e desconcertante.

O amigo ao telefone dizia-lhe já não suportar a situação em tela, porquanto, em casa, todo o tempo, auxiliando a esposa e os dois filhinhos, esta o acusava com ferocidade de infidelidade conjugal.

Narrava o amigo que lhe explicava a impossibilidade de tal acontecimento, em razão de sua conduta inatacável. No entanto, mentalmente violentada por Entidade infeliz, ameaçava-o de suicídio.

O cavalheiro amigo explicava que já não dispunha de argumento para silenciar a esposa em crise.

O ouvinte, que padecia da mesma injunção, buscou na Doutrina a orientação saudável, pedindo-lhe paciência e oração, únicos e valiosos recursos no momento, a fim de sanar a interferência de algum adversário.

Sugeriu-lhe, naquele momento, a leitura do *Evangelho segundo o Espiritismo*, de Allan Kardec, de modo a acalmar-se e, em consequência, gerar tranquilidade na companheira.

Havia tanta sinceridade e espírito de cooperação que o nosso dirigente Spinelli sugeriu-nos a alguns, inclusive ao nosso passista, visitar o lar em angústia naquele momento.

Terminada a comunicação telefônica, o amigo orou em favor do solicitante, e nosso mentor pôde captar-lhe a direção em que residia a família necessitada.

Partimos de imediato e logo chegamos à residência do casal em litígio, encontrando o lar invadido por alguns Espíritos ociosos sob o comando de dois adversários vigorosos que mais tarde compreendemos ser os denominados *justiceiros*.

A rede cruel de perseguição era mais complexa do que inicialmente eu considerara.

Como o queixoso era espiritista e frequentador da mesma Instituição na qual nos encontrávamos, havia interesse dos adversários do bem em afligi-lo também, dentro, naturalmente, da Lei de Causa e Efeito, porém com o objetivo de prejudicar o programa de cristianização da Humanidade ante as soberanas luzes do Espiritismo.

O que me intrigou no momento foi constatar que esses perseguidores não necessitavam de uma questão de dívida entre eles e aqueles que vitimavam. A questão era mais profunda: todos quantos se encontram com necessidade evolutiva de melhorar-se estão automaticamente incluídos entre aqueles que os desagradam e por essa razão devem ser eliminados.

Nesse sofisma, apoia-se a perversidade dos enfermos espirituais para dar prosseguimento ao seu programa de vingança contra a Humanidade que um dia, através de criaturas desassisadas, quais eles neste momento, ferira-os na loucura que os dominava.

Eis uma das razões básicas para a desarmonia que varre o planeta e o desassossego das existências em verdadeiro torvelinho, como consequência das filosofias niilistas e utilitaristas que em todas as épocas se voltaram contra a ordem e o equilíbrio dos seres humanos.

A predominância dos instintos primitivos caracteriza estes dias, porém, defronta os sentimentos de beleza e amor que vicejam, embora muitas vezes asfixiados pela crueza dos atormentados.

É certo que marchamos para a vitória da luz sobre a escuridão, do equilíbrio sobre o destrambelho das emoções, e a Vida está sempre encarregada de perpetuar-se conforme o princípio insuperável da sua origem.

Ele se encontrava na alcova de onde saíra a esposa dominada por um verdugo que a acompanhou à cozinha, onde ela procurou algo fazer para distrair-se.

A indução mental continuava empurrando-a para o prosseguimento da discussão com vista à possível agressão física.

Spinelli solicitou mentalmente a Cláudio para que a socorresse com um passe especial, a fim de afastar o vingador. Ao mesmo tempo que o amigo se lhe acercou da aura carregada de energia escura e pensamentos grosseiros, os fluidos dele começaram a diluir a nuvem mental que a aturdia e conduziu-a ao quarto, onde se encontrava o esposo em lágrimas de agonia, também seviciado por outro perverso vingador, ante a zombaria dos circunstantes de muito baixa vibração moral.

Eurípedes pôs-se a orar em altas vozes, que foram ouvidas pelos circunstantes desencarnados e também ergueu as mãos em apoio ao passista, e luzes rutilantes saíram pelos seus dedos, que passaram a envolver o casal e atingir os seus perseguidores, que logo se deslocaram das vítimas, gritando com ferocidade e ameaçando-nos com expressões vis e coléricas. Os benfeitores continuaram como se nada tivesse acontecido e, alguns minutos após, respirava-se na habitação outra psicosfera, e o casal abraçado em lágrimas de reconciliação.

A senhora, recuperada momentaneamente, procurava justificar-se das demoradas cenas daquela manhã, enquanto o marido, calmo, acariciava-a, rogando-lhe que esquecesse e orasse com ele, agradecendo a Deus o bem-estar que subitamente os acometera, como se fora um milagre.

Tomadas algumas decisões, Eurípedes convocou alguns amigos da sua Comunidade e solicitou-lhes permanecer naquele lar até segunda ordem, evitando, quanto possível, o retorno dos invasores ou a presença de outros do mesmo nível evolutivo.

Asserenados os corações, que dialogavam calmamente estudando a possibilidade de tratar-se de uma perturbação para afligi-los, saímos em direção do nosso abrigo.

O dia transcorreu muito movimentado não somente com o agravamento da doença no país, em face da contaminação volumosa, enquanto se anotavam simultaneamente a dádiva de algumas primeiras recuperações, que trouxeram muita alegria a todos.

Ao cair da tarde, acercamo-nos do mar e ali ficamos na praia, em um recanto de beleza incomum, beneficiando-nos da Natureza e conversando sobre as ocorrências do dia que se apagava...

Foi estabelecido que no próximo amanhecer realizaríamos uma reunião mediúnica especial para o atendimento de algumas dessas Entidades sofredoras que necessitavam de enfrentar a Justiça durante o engodo de serem aqueles que a aplicavam.

Quando a noite chegou coroada de astros refulgentes, fomos convidados a preparar a reunião, isto é, atrair os que se comunicariam, a colocação de aparelhos próprios na prática da desobsessão e cuidados especiais com as duas médiuns, uma de cada plano da vida.

Deixamo-nos conduzir pelas horas que avançavam e nos beneficiávamos com os trabalhos espirituais da Sociedade em que nos encontrávamos e com as ocorrências naturais.

Meditava que silêncio absoluto é somente pobreza dos órgãos auditivos e quietude não é paralisia. Há movimento incessante em toda parte, porque a vida é realmente o milagre da movimentação...

Lentamente e com segurança a noite avançou, e aos primeiros minutos do amanhecer estávamos todos na sala mediúnica, enquanto os trabalhadores espirituais da Instituição, solicitados pelo nosso mentor, organizavam os atendimentos e recebiam os convidados, inclusive os irmãos Gracindo e o confrade que lhe pedira socorro, Dona Clementina, Malvina, que foram despertando suavemente e com a lucidez relativa ao estado evolutivo de cada qual, todos assessorados e bem assistidos.

Aproximadamente a uma hora da madrugada, Spinelli deu início à reunião, solicitando a Eurípedes que procedesse à súplica aos Céus em favor do labor de socorro aos deambulantes da Terra.

O Apóstolo Sacramentano, com a voz doce e mansa que o caracteriza, suplicou ajuda ao Senhor dos Mundos, depois, à Mãe Santíssima e, por fim, a Jesus, o Mestre todo Amor, para que abençoassem o esforço de todos em favor da harmonia e do progresso das almas e da Humanidade.

Ouvíamos suave melodia que bailava no ar entre as vibrações de paz e ternura que nos comoviam, quando escutamos vozes exaltadas e movimentação inusual na sala. Estavam entrando algumas Entidades infelizes, trazidas pelos encarregados de conduzi-las.

Uma delas chamou-me mais a atenção, porque se tratava de um anão cujo semblante estava marcado por um rancor indisfarçável e lutava bravamente para desvencilhar-se dos fluidos que o conduziam na direção de Malvina.

Subitamente, sentindo a presença do Espírito rebelde no seu campo áurico, a médium começou a agitar-se, movendo os braços especialmente e a cabeça em atitude de defesa, quando então explodiu numa voz roufenha e agressiva:

– *Trata-se de um ultraje a armadilha com que se pretende esmagar-me. Não estou aqui por vontade própria e não posso admitir essa violência contra o meu livre-arbítrio.*

Eurípedes, que se postara ao lado da médium e a vitalizava com o pensamento rico de amor, respondeu ao comunicante:

– Você tem alguma razão em reagir dessa forma, exatamente porque tem sido assim que você se utiliza para afligir aqueles a quem persegue. Não lhes respeita o livre-arbítrio, e, através de artefatos diversificados, crucifica as suas vítimas.

– Não vejo por que você se atreve a tomar a defesa de infelizes cujas existências atuais não dão ideia dos verdugos que são esses indivíduos que estão sob os nossos cuidados.

– Ninguém tem o direito de realizar cobranças espirituais, como se a Vida estivesse sujeita às paixões de cada criatura. O Universo tem as suas leis vigorosas e dispõe de recursos para tudo regularizar sem a intromissão dos sentimentos humanos.

Mas desejo recebê-lo com prazer e explicar que não se trata de uma violência a maneira como o trouxemos para este salutar diálogo. Somente está ocorrendo porque o caro irmão tem sido responsável por graves problemas na Seara de Jesus Cristo, perturbando pessoas abnegadas e dedicadas à construção de um mundo melhor em saúde moral e respeito humano a tudo e a todos.

Gostaria que nos informasse quais são os seus projetos e a razão por que se levanta em nome da Divina Justiça para regularizar questões que pertencem à Vida e que, por si mesmas, na decorrência do tempo passado, já mereceram necessárias correções.

– Você o diz – respondeu iracundo – *porque não lhe padeceu a crueza, qual aconteceu entre mim e o seu protegido, esse miserável criminoso. Tenho vivido em situação de onanismo desde há muito e odeio a situação há muitos séculos. Chegou a minha hora de cobrança junto aos infames que me desgraçaram a existência.*

À medida que falava, exsudava um odor pútrido que empestava o ambiente e chorava em convulsão de ódio, esmurrando o ar e deixando-se consumir em desespero.

O benfeitor, sumamente compadecido, informou-lhe:

– *O sofrimento é um processo de difícil purificação das misérias morais, a fim de que o Espírito consiga recuperar a pureza inicial e para a qual está destinado.*

Certamente, razões que o irmão não considera geraram a necessidade do suplício para o seu autoencontro, o despertar do tesouro da consciência. Ninguém pode, no entanto, ser o cobrador das falhas e desgraças alheias, incidindo sempre em gravames para o futuro como no caso em tela.

O casal sob sua aguda perseguição está inscrito nos Códigos Soberanos como devedor, e o tempo dispõe dos instrumentos próprios para o restabelecimento do equilíbrio e a edificação do bem.

Se você pensa que poderá afligi-los e assim vingar-se, passado o momento da derrota de ambos, como você se sentirá? Que fará após vê-los tombar no vale terrível da amargura? A partir de então, você estará incurso na contabilidade como devedor... E essa roda não cessará, enquanto o amor não luarizar, não balsamizar as feridas do padecimento.

– *Já vai longe* – bradou, revoltado, o infeliz – *quando fui hostilizado pelos criminosos que me destruíram.*

A Inquisição Espanhola foi instituída por Isabel de Castela e Fernando II de Aragão, com as suas próprias leis estabelecidas no Tribunal do Santo Ofício. Tinham como objetivo essencial as questões religiosas, porém as superstições e a ignorância do povo alargaram a sua chama devoradora a quaisquer situações que lhes pareciam heréticas ou demoníacas, quando não resultantes de feitiçaria... Entre esses itens, surgiram formas de perseguição cruel a ciganos, anões, como aos portadores de demônios ou aos próprios demônios assim nascidos.

Os massacres dessa natureza multiplicaram-se em toda parte e chegaram à Espanha, prolongando-se até o século XIX, quando foram legalmente abolidos, mas não terminados...

Naquele período infame, o valor do indivíduo era resultado do poder do dinheiro e das ligações entre a Igreja Católica e a Coroa. A cegueira da Justiça era fácil de ser comprovada através dos crimes praticados pelos dominadores das massas estúpidas e subservientes.

Eu e um reduzido grupo de anões descendíamos de David, um dos pais da raça de Judá, e éramos perseguidos sistematicamente, conseguindo sobreviver abjurando a nossa fé. Na condição de marranos, vivíamos fora dos muros das cidades e pagávamos impostos extorsivos. Periodicamente éramos expulsos para Portugal, onde concluíam as matanças, para outras regiões da Ibéria ou outros países que também nos perseguiam.

No período de Carlos II, conhecido como o Enfeitiçado, por causa das suas deformidades, era terrível, e a sua Corte, devassa e cruel. Entre os nobres havia um casal que se comprazia agradando ao monstro, apontando judeus e inimigos de Deus e da Coroa em todo lugar. Infértil, também tinha outros problemas que o maltratavam, inclusive a fala, que não se entendia quase, em razão do queixo projetado para a frente, fruto espúrio de casamentos incestuosos. Numa das perseguições, a esposa, também da nobreza, ficou encantada comigo, miniatura de gente, e conseguiu praticamente fazer-me seu escravo, levando-me, graças aos artifícios demoníacos, pôr-me no seu castelo e tornar-me um animal de exposição, explorado e infeliz, permanentemente acorrentado por ser judeu e maltratado por ser um demônio vivo.

Surrado com frequência, após lutas em que me atiravam para defender-me de indivíduos fortes e saudáveis, *resolveu com anuência do marido, Filipe de Castela, submeter-me ao Santo Ofício, e fui queimado vivo em um dia inesquecível de horror. Não ficaram na minha desdita somente as marcas da morte voraz, mas as chamas do ódio que me tem devorado desde esse momento.*

O mentor escutava-o repassado de compaixão e deixando-o fazer a sua catarse, que lhe faria muito bem.

– *Mas eu não morri... Senti as labaredas em muito tempo me consumindo sem destruir-me. Pensei estar no Inferno, conforme a crença geral. Constatei-o depois de socorrido por um grupo chamado de* justiceiros, *que me ofereceu socorro na sua comunidade, também uma forma de Inferno, onde seria recuperado e aguardaria a ocasião para a revanche, para a vingança bem amadurecida.*

Ele narrava com expressão de angústia e desespero incomuns, gerando um ambiente de espontânea compaixão.

Os nossos irmãos Gracindo e esposa, despertos e acompanhando as narrações, a pouco e pouco, foram retornando aos dias do passado de luxo e de degradação, horrorizados com o que haviam feito.

O desditoso continuou na sua verbalização quase automática:

– *Nesse ínterim, tomei conhecimento das reencarnações como mecanismo de justiça e presídio de resgate ou caminho de libertação. Não sei bem o que é, mas existe, e aguardei a ocasião do reencontro, o que se deu há pouco menos de dois anos, quando fui atraído pelo magnetismo dele, a inconsciência e irresponsabilidade dela.*

Estavam disfarçados, reencarnados, eram outros, mas interiormente os mesmos. Passei a acompanhá-los e influenciá-los com o meu pensamento de vingança, acolhido vagarosamente nas suas falhas mentais e morais, nela, em particular, no ciúme.

Ele me tem sido mais difícil, em razão das suas preocupações com o falso Jesus a que pretende servir e está gerando dificuldades aos planos da nossa organização, que é expulsá-lO do mundo...

Fez uma pausa, ao mesmo tempo que ululava de dores morais e dos fluidos gentis da médium que o recebia, diminuindo-lhe a carga de angústia.

No silêncio que se fez natural, o nobre Eurípedes falou-lhe com afabilidade:

– *A sua história, igual à de muitos outros irmãos nossos, comove-me às lágrimas. Também trago no coração as flechas dos males que pratiquei contra mim mesmo. No entanto, o sublime medicamento para a dor tão profunda é o perdão.*

Os irmãos acusados não são mais os mesmos, porquanto, na fileira dos anos do passado, retornaram mais de uma vez a aprender as lições sublimes do amor e da fraternidade. Ficaram no passado aqueles dias hórridos de barbárie e alucinação. Atualmente, o irmão Gracindo está tentando apagar as marcas dos crimes de ontem, consolando as lágrimas de quem hoje chora. A sua esposa, ainda enferma dos sentimentos, necessita de compaixão, a fim de ter forças para a recuperação necessária. Somente Deus sabe as razões do seu sofrimento naquela ocasião. Há uma causa anterior que lhe trouxe como consequência as dores da forma humana e os padecimentos propostos pela ignorância das criaturas naquela época, há mais de 300 anos...

Os seus algozes estão em despertamento para o bem, especialmente o esposo, que administra este lar-escola de muitas vidas, milhares de existências que estariam estioladas ao sol do abandono, na tragédia das ruas, nos escusos caminhos dos crimes, na loucura e tombariam fatalmente no suicídio.

Conceda-lhes o favor da compaixão e, mais tarde, a bênção do perdão, que também iluminará o seu caminho, auxiliando-o na ascensão espiritual.

Recorde-se de Jesus, até hoje perseguido...

Parecendo recuperar a crueldade inicial, reagiu:

– Não me fale esse nome fatídico, que foi a causa da minha e da desgraça de milhares de vítimas. Odeio-O e considero quase tudo que d'Ele se diz uma farsa. Como poderei acreditar que veio libertar Israel do destino inglório da escravidão a Roma, como sucedera com outros povos antes, e não foi capaz de libertar-se a si mesmo.

A sua convivência era com os depravados, os criminosos e viciados em detrimento do que se legislava no Templo dedicado a Salomão e se cultuava nos estudos dos profetas e da Lei Antiga. Caso Ele tivesse vindo com alguma tarefa de honra para Israel, Ele traiu Jeová e o Seu povo.

– Jesus jamais se propôs a salvar Israel pela espada, que sempre gera consequências através de si mesma. Ele veio ensinar-nos a todos que somente existe uma força e um poder no mundo que merecem ser trabalhados, que é o amor, por isso elegeu os desafortunados, os desdenhados, os perseguidos, como você... E os homens que Lhe utilizaram do nome para a prática do crime, esses sim que deslustraram a nobreza do Mestre de misericórdia e perdão.

Ele preferiu ser traído, crucificado, para demonstrar que os Seus ensinamentos não eram somente palavras e conselhos, mas essência de vida, porque a existência terrena, como sabemos, é rápida na sua transitoriedade, mas a imortalidade é a razão pela e para a qual existimos.

As acusações que Lhe são atribuídas por crimes que praticaram em seu nome não são de sua responsabilidade, e note que esse comportamento é comum à criatura humana na sucessão dos tempos. Em todas as obras de amor e de fraternidade aparecem os oportunistas que as destroem com os seus atos alucinados e seus comportamentos infames. No dia em que Jesus for realmente vivido e ensinado, estarão em relevo a caridade e o amor, guiando as vidas na direção do Reino dos Céus, que se edifica no íntimo do coração.

Tomado de revolta, ironizou:

– Então, eu tenho que perdoar os meus algozes, ainda dedicados ao infame da Cruz, eles, que me desgraçaram usando essa mesma cruz? O nosso plano é muito mais vasto. Está em pauta o combate a essa doutrina de fracos e covardes, que trabalham na sombra da traição e do crime, para transformar o planeta numa grande Gomorra ou Sodoma, que o nosso Deus destruirá, aprisionando a todos os seus responsáveis.

Iniciaremos levando a desditada mulher à loucura pelo ciúme, sentindo-se desprezada pela farsante de quem me utilizo para o nosso encontro, e à medida que ele desvaire, irá perdendo o controle das emoções e também será arrebatado pela desdita, demonstrando que o Espiritismo é mais uma façanha mentirosa do que a verdade que se lhe atribui.

Teremos o prazer de produzir escândalos sucessivos, depois com o rebanho de outros que estão cuidando, e o desequilíbrio do grupo terminará sofrendo interferência das autoridades governamentais. Assim, de uma pequena chama poderemos produzir um incêndio em vários pontos, porque o nosso programa de agressividade é coletivo, isto é, em diversos lugares ao mesmo tempo.

Enquanto exprobrava, mudou completamente de aspecto, aquele do infeliz para o do arrogante e triunfador, que se ufanava de estar a caminho da vitória.

Sem qualquer inquietação, o amigo do *Educandário Esperança* insistiu com o visitante:

– Todos percorremos caminhos mais ou menos semelhantes: o erro em princípio, para a aprendizagem da dignidade e da compostura depois. Deixamos cardos e pedrouços pela estrada percorrida, e somos constrangidos a retornar pela mesma senda, retirando os calhaus e os empecilhos que nos ameaçam o crescimento para Deus. Esse crescimento é uma fatalidade semelhante às Leis Cósmicas: nada pode modificar, porque são os alicerces universais.

Enquanto o amor não vicejar no sentimento humano, a criatura estará mais na faixa primitiva do que na luz sublime da emoção divina. O meu irmão veio trazido para ter diminuídas as suas dores; assim, irá cooperar conosco para que as aflições das suas vítimas atuais também sejam diluídas. Para tanto, contamos com o seu raciocínio. Permaneça aqui na Instituição por alguns dias, especialmente agora que o mundo está em quarentena, recuperando-se moralmente sob o látego de uma pandemia, que é mecanismo das Leis Superiores para equilíbrio moral do planeta, e veja como são úteis e o que fazem sob a inspiração de Jesus.

– Posso asseverar-lhe que, se depender de mim e dos nossos amigos, todos inscritos nesta guerra de libertação, nada você conseguirá com o seu Cordeiro de Deus...

A frase foi exteriorizada com uma grande ironia, método normal de zombaria para perturbar a lucidez do antagonista.

Procurando demonstrar o seu falso poder na comunicação, agitou a médium e ergueu-lhe os braços com os punhos cerrados, em atitude de golpear a mesa para parecer forte. A um sinal do mentor, o irmão Cláudio aproximou-se e aplicou passes dispersivos, eliminando os fluidos pesados que ele expelia em tentativa de prejudicar a aparelhagem delicada da médium.

Enquanto isso, Eurípedes induziu o desditoso ao sono reparador profundo, o que logo aconteceu, sendo desligado e conduzido por auxiliares nossos a uma sala contínua, para nova oportunidade posteriormente.

De imediato, a médium Amália, em transe profundo, foi incorporada pela Entidade que perturbou o casal, agora também presente em desdobramento pelo sono físico.

Tratava-se de um cavalheiro com mais ou menos cinquenta anos de idade, que envergava indumentária religiosa de nível superior.

O orgulho e a prepotência estavam visíveis na sua aparência presunçosa e nos ademanes de aparente distinção. Com ele vieram alguns áulicos, trazidos, sem o saberem, pelos construtores do trabalho. Serviam-no em contínua bajulação, que lhe exaltava a prosápia e o falso poder.

Nada obstante, exteriorizava ondas carregadas de vibrações perniciosas, que lhe denotavam a faixa vibratória típica do seu estado de evolução.

Deveria ter sido religioso de destaque na sua última existência fracassada, em razão da sua face estampada pelas expressões de ressentimento e desgosto.

Logo que houve a perfeita identificação do seu perispírito no de Amália, podíamos ver a união de ambos que se confundiam em contínuas ondas emitidas pelos *centros de força, poros perispirituais*, tornando notável o fenômeno, demonstrando a supremacia do comunicante sobre o *duplo etérico* (que se dilui após a desencarnação).

Quase víamos apenas o comunicante em todo o seu apogeu, expressando o alto significado do processo de manifestação, quando se afinam ambos os Espíritos e o comunicante assume o controle da personalidade do instrumento mediúnico...

A voz era tonitruante, muito diferente da médium, e repassada de uma vibração desagradável, como sói acontecer com toda manifestação de orgulho e soberba.

– *Tenho a impressão* – asseverou com certo desdém – *de que me encontro diante de um tribunal de marginais, constrangido por desconhecida força a pronunciar-me como se estivesse sendo julgado pelos meus atos. Posso perceber, pela disposição daqueles que aqui se encontram, que estou sob leis que me submetem e às quais devo obediência compulsória...*

– *Não se trata disso* – elucidou Eurípedes. – *O amigo conhece perfeitamente estas leis que regem a vida e se impõem, pela sua força transcendente, à vontade de todos nós.*

Estamos, sim, num tribunal de amor para avaliarmos juntos as ocorrências que vêm tendo lugar em nossa Instituição e com os seus membros, ante o plano de subjugação estabelecido pelo amigo e outros, em torno e contra os seus trabalhadores.

Como a sua adesão voluntária não seria possível, apelamos para os desígnios superiores e recorremos a Jesus, que é o nosso amado Comandante, e Ele aquiesceu em trazê-lo até nos.

O visitante, visivelmente contrariado, começou a enunciar textos em latim, à semelhança de mantras que poderiam defendê-lo das nossas energias.

– *Sabemos que nos encontramos em guerra* – prosseguiu o abençoado terapeuta do amor – *e, como somos mensageiros da paz, resolvemos estabelecer um encontro pessoal, a fim de discutirmos os itens que deram lugar a essas batalhas hediondas que vêm sendo tratadas com finalidade hedionda: destruir a ética e semear a desordem em toda parte.*

Assim o fazemos pelo grande respeito que temos por aqueles que se nos tornaram adversários sem que o soubéssemos, desde que os nossos objetivos repousam e se reforçam na Lei de Amor ao alcance de todas vidas.

Nesta Instituição vigem as diretrizes do amor aos filhos do Calvário, *conforme a expressão de Jesus, de modo a que nos reuníssemos para os ajudar. Afinal, todos necessitamos de apoio e de socorro urgente.*

Como o amigo nosso fez-se-nos adversário confesso, aqui nos encontramos para discutir as reais e as falsas razões da injustificada batalha de aflições.

Silenciou, para dar lugar ao diálogo, o que não se fez esperar:

– *Realmente, já que você sintetizou muito bem as ocorrências, a mim me cabe dizer que sou diretor de um dos departamentos de justiça de nossa organização.*

Estamos já em acirrado combate contra Jesus e os Seus corifeus, desmanchando os bolsões de falsos religiosos, que intimidam a Humanidade com a sua falsa fidelidade e demonstrando que todos são da mesma argamassa dos seus falsos diretores espirituais.

Iremos, a pouco e pouco, apagar as pegadas dos caminhos do Galileu, assim como dos Seus súditos de ontem e de hoje, num mundo moderno, onde não há lugar para comportamentos místicos e éticas falsas, ocultando os conflitos internos de todos os devassos e corrompidos. Apenas lhes despertaremos as próprias viciações e os comandaremos na direção do deboche e do crime bem urdido, desfazendo as impróprias máscaras de pureza e dignidade.

Também eu estive do outro lado, quando enverguei a indumentária e me fiz bispo de M... Mantinha a aparência de altivez e honra, distante da conduta mental e moral fora da sacristia e nos recintos onde podia expressar-me na realidade, longe da farsa que executava, para explorar os estúpidos e atormentados que se me submetiam à autoridade eclesiástica.

Identificado com outros companheiros do mesmo ou de pior naipe, servia-me em nome da fé religiosa, permitindo-me os prazeres para os quais todos nascemos e as religiões nos pretendem castrar, como se fôssemos de especial tecedura orgânica.

Ao morrer, encontrei a vida desregrada a que me permiti e fui muito bem acolhido no Inferno *onde trabalho e sou feliz, desfrutando de posição invejável, na administração da nossa comunidade.*

Sim, não encontrei o proclamado Céu e tive uma decepção, porquanto somente defrontei misérias e desconfortos. Os centros de padecimento, as regiões de angústia e de recuperação multiplicam-se em toda parte, e, é claro, nós, os justiceiros, resgatamos e conduzimos para os nossos recintos todos aqueles que temos razões para combater o falso amor e a tediosa dignidade, sofrimentos íntimos envoltos nos tecidos da aparência diferente.

Assim sendo, não pense que terá uma vitória fácil sobre nós, aqui trazidos covardemente pelos recursos de que se utilizam os falsos cristãos, generosos e bons, usando forças sutis para alcançarem os seus sórdidos objetivos.

Sem demonstrar pressa ou qualquer enfado após a exposição mais ou menos já conhecida, o dialogador espiritual prosseguiu, com gentileza:

– *Admiro-me com a técnica de alcançar o êxito nos seus empreendimentos. Em razão da conduta irretocável dos irmãos agredidos e hoje aqui estudados, você e os seus sequazes utilizam-se das esposas instáveis para desviar os bons trabalhadores dos seus deveres, com ameaças de escândalos que prejudicariam o bom nome da Doutrina de abnegação, levantando dúvidas sobre o comportamento deles e, por extensão, de outros servidores.*

Equivale a dizer que "todos os meios justificam os fins", chavão de doutrinas derrotistas e escravagistas. Para serem alcançados os fins, pouco importam os meios que sejam utilizados.

Somente se olvidam do Amor de nosso Pai pelas Suas criaturas, sempre vigilante e devotado. Esquecem que a tempestade mais tumultuada sempre cede lugar à bonança retificadora, e o mal aparente transforma-se em bem comum. Jamais a traição, a covardia, os meios derrotistas lograrão fecundar-se nos corações afetuosos e nos caracteres nobres. É certo que todos nós ainda temos brechas de fragilidade em nossa conduta, o que lhes permite interferência em nossos destinos, porém, dentro da Lei de Causa e Efeito.

Olhe o nosso irmão diretor da Casa em que você se encontra e o participante das reuniões de estudos e de caridade: não lhe comove ser o instrumento de prejuízo para as vidas às quais eles se dedicam pelo bem, pelo serviço de consolo, por amor a Jesus Cristo?

– *Irrita-me ouvir esse nome do engabelador dos séculos de Judaísmo e de Cristianismo, que iremos banir da Terra.*

Nós somos os guerreiros da luz que saímos das páginas bíblicas para clarear o mundo e demonstrar que a única razão da vida pela qual todos deveremos lutar é o prazer, o gozo infindo, a alucinação da orgia... Será isso que iremos implantar nas suas sagradas instituições! – gritou com refinada ironia. – *Vocês estão asfixiando os prazeres que gostam e disfarçam, tornando-se o seu* calcanhar de aquiles, *o qual saberemos atingir.*

– *Sem dúvida, somos fracos, mas o Senhor é a nossa fortaleza. Quando vejo um bispo da Igreja Católica perverter-se, inspirado pelos seus pares que se encontravam cá e o infestaram, é porque o seu caráter frágil estava somente vestido de dignidade, e não a tendo vivenciado. Mas nem todas as criaturas somos iguais. A nós Jesus fascina com a Sua mansidão e paz, tão misericordioso que, transcorridos dois milênios desde quando esteve conosco, Sua voz ressoa em nosso íntimo e nos enriquece de paz, essa paz a que você aspira e não consegue em razão das suas vinculações com os erros que o subjugam.*

Eurípedes falava com doçura e num timbre de voz que repercutia em todos nós.

Experimentando a força do amor, o senhor bispo deu um sinal algo cabalístico e o seu séquito pareceu enlouquecer, blasfemando, ameaçando incorporação simultânea através de Malvina, desejosos de atacar os Espíritos presentes, usando verdadeiros tacapes e produzindo uma balbúrdia infernal.

Como já estivessem informados dessa possibilidade, os Espíritos que zelavam pela reunião, Templários que foram perseguidos duzentos anos após ser criada a sua ordem, alcançaram os baderneiros e retiraram-nos da sala, envolvendo-os em fluidos que faziam lembrar correntes que os submetiam.

Logo depois, o silêncio voltou a reinar, e o intempestivo ex-sacerdote ululava num desespero que inspirava compaixão.

– *Não cederei nunca* – blasonava –, *mesmo que tenha que ser queimado vivo outra vez pelos miseráveis descendentes do Homem da Cruz. Vingar-nos-emos a qualquer preço. Somos muitas as vítimas desses míseros e piegas religiosos da fé cambaleante e mentirosa.*

Eurípedes, em silêncio, tinha lágrimas nos olhos ante a loucura do Espírito em total desalinho.

Acercando-se do atormentado, Cláudio pôs-se a aplicar-lhe passes circulares e calmantes, mantendo-o, entretanto, na comunicação de que se desejava liberar.

Eurípedes prosseguiu suave na terapia do perdão e enfatizou:

– *O irmão e amigo refere-se ao seu momento no sacrifício, vítima da Inquisição, e crê-se injustiçado. Como poderiam os seus confrades comportar-se ante a sua inditosa conduta, sendo membro do Santo Ofício e mantendo uma existência de luxúria, ao aproveitar as suas vítimas para lucrar prazeres a que muitos fiéis às suas convicções se negavam e o acusavam publicamente? Permitindo-se transformar o seu palácio episcopal, onde desfrutava de injustas regalias, na falsa postura de ser* representante de Jesus, *era apenas um usurpador dos favores vigentes, em um pântano de indignidades. O mais imoral nessa trama sórdida é que foi denunciado por um colega de aberrações, que desejava desfrutar o quinhão que lhe era concedido por cada acusação de novas vítimas, hoje reencarnado no amigo que vem perseguir por sua vez.*

Ninguém foge de si mesmo nem das próprias construções íntimas. Você teria sido justiçado nos instrumentos que usava contra aqueles que lhe caíam nas mãos, e como não acreditava na fé religiosa, que lhe era uma profissão vantajosa, como para muitos tem sido, os demais criminosos davam uma demonstração de coragem e de honra, eliminando um devasso que deveria ser exemplo de honra e comportamento saudável.

Naqueles já longevos dias, a religião era mais uma arma política nas mãos criminosas de bandidos a soldo de governantes de igual conduta do que aquilo que pretendia demonstrar a Mensagem do Nazareno crucificado injustamente. Esse, sim, que foi julgado conforme os interesses pessoais e deu-nos o exemplo da mansidão e da irrestrita confiança em Deus.

Não são tribunais de homens e mulheres imperfeitos que espalharão na Terra a honradez dos deveres a que eles próprios não correspondem.

O indigitado parecia atoleimado ante as informações que lhe eram apresentadas, que faziam parte da sua existência vulgar e perniciosa. Pela memória, começou a repassar a hediondez e os crimes que perpetrara às escondidas e alguns publicamente... Sempre acobertados pelas vestes religiosas, que deveriam significar zelo real e devotamento ao bem, com infinitas demonstrações de misericórdia e de compaixão, conforme prometera ao concluir o seminário e as promoções com que fora beneficiado, mais pela crueldade na maneira de agir do que pelo mérito da renúncia e da abnegação.

Buscando parecer indiferente ao que se lhe punha à vista, tentou informar que a situação do passado nada tinha a ver com os acontecimentos históricos daquela vida que degradara a sua, destruindo-a na forma orgânica.

Eurípedes não titubeou e ripostou:

– De igual maneira, os seus argumentos e o dos seus cômpares não podem servir de motivo para combater aqueles que, desarvorados pela época infeliz e atrasada, utilizaram-se do poder para comprometer-se no desvario e na criminalidade.

– Eu sou inocente das acusações e fui queimado vivo...

– O irmão apenas experimentou a punição que aplicava naqueles que tombaram na sua insânia. Mas você sabe que o motivo era real e a sua uma conduta reprochável, que se encontra marcada a fogo na sua engrenagem espiritual, nos tecidos mais delicados do seu corpo perispiritual. Lembre-se das celas que você visitava antes da punição final e das suas propostas indecorosas quão cínicas com aqueles indivíduos derrotados e sem alternativa. Mergulhe o pensamento nas lembranças e as reviva agora.

Com a voz monótona, como numa hipnose verbal, sugeria:

– Pense, reviva, volte àqueles momentos que estão vivos dentro de você.

Começamos a perceber que a aparência do Espírito começou a sofrer alteração na face, na cabeça e em todo o corpo que se destacava no perispírito da médium. Diante de nós encontrava-se um ser com aspecto lupino, babando copiosamente e tentando falar sem o conseguir. Contorcia-se e uivava, agitava-se, e os olhos brilhantes assustavam...

Alguns dos Espíritos que vieram na sua companhia e ainda estavam na sala foram tomados de pânico e começaram a gritar apavorados, sendo assistidos pelos amigos Templários que os amparavam, retirando-os da sala mediúnica.

– *Isto* – falou o benfeitor ao atormentado comunicante – *é o que você tem cultivado e periodicamente assume no reduto infame em que se homizia com outros servidores do mal.*

A partir de agora será essa a sua forma física, *fruto dos seus atos, e, à medida que for beneficiado em nossa Comunidade, irá recuperando a compleição humana, da qual abdicou pelos sucessivos disparates que se permitiu, até que a bênção da reencarnação o conduza de volta ao proscênio terrestre para a necessária recuperação.*

Novamente Cláudio acercou-se e deu prosseguimento aos passes de desligamento da Entidade infeliz, que chorava copiosamente.

– *Você receberá o Amor* – afirmou Eurípedes – *d'Aquele a Quem subestimou e aviltou com a sua conduta rebelde e contínua, demonstrando-lhe a grandeza da Sua Mensagem e sua veracidade para os seres humanos amargurados e tristes destes dias de sofrimento inominável e intransferível.*

Agradeçamos em silêncio ao Pai de Misericórdia esta oportunidade de revermos o próprio comportamento, estabelecendo linhas de renovação e de trabalho edificante em favor do nosso futuro.

"O amor ilumina
a alma que deseja amar."

Manoel Philomeno de Miranda • Divaldo Franco

13

AS INVESTIGAÇÕES PROSSEGUEM

Os Espíritos que seguiam o bispo de conduta infame pareciam aturdidos com o que acabaram de ver. Mesmo aqueles bulhentos que foram retirados da sala e conduzidos a um espaço contínuo mais se perturbaram. Tratava-se de um grupo de mais de cinquenta áulicos a seu serviço, que, ante o espetáculo da transformação do perispírito do seu algoz, ficaram perplexos. Já estavam acostumados a ver Espíritos mutilados e deformados no antro onde viviam, mas nunca puderam entender como se operava esse fenômeno de zoantropia, por ignorarem que a mente é a grande modeladora das expressões exteriores. Entidades femininas que se degradaram no sexo vil e aberrante modelavam-se como ofídios e permaneciam com os movimentos sensuais e coleantes das sensações de baixo nível. Outros *animais* eram comuns na região de horrores, especialmente *ursos* e *ovoides*, que eram a fase mais degradante das manifestações espirituais degeneradas.

Pouco depois a harmonia voltou às salas das nossas atividades, e ante o silêncio natural o benfeitor Eurípedes Barsanulfo começou a elucidar-nos:

– *Irmãs e irmãos queridos:*

Permaneça conosco a paz do Senhor como recurso divino, a fim de alcançarmos a iluminação.

O ser humano é, na sua realidade, tudo aquilo quanto elabora nas paisagens mentais.

Desde quando adquiriu a faculdade de pensar e a bênção do livre-arbítrio, as responsabilidades existenciais são frutos dessa conquista evolutiva.

O cérebro, como dínamo gerador de forças impulsionadas pelo pensamento, possui a capacidade de transformar ideias em realidades, transferindo das ondas para as formas tudo quanto se constrói na área psíquica.

A matéria maleável, nesse caso o ectoplasma, condensa-se em torno do campo da forma, e se passa a viver exteriormente o que é exclusivo dos conteúdos internos.

De igual maneira, os acontecimentos são programados conforme os atos praticados em experiências anteriores, tornando-se efeitos vivos em expectativas de transformações.

A vida humana é mais de natureza mental que orgânica, estabelecendo os parâmetros de comportamento de acordo com a cultura das ideias íntimas.

Jesus foi muito claro ao expor que: "Onde estiver o tesouro aí se encontra o coração".

Tudo quanto acalentamos nas nascentes do ser, o pensamento, passa a ser de nosso interesse inadiável, mesmo que disfarcemos, evitando que o exterior revele o ser real que está oculto.

É compreensível que aspirações e anelos cultivados adquiram vida *e passem a significar verdadeiros tesouros por cuja conquista se lutará mesmo que de forma inconsciente.*

Nas experiências do erro e do acerto, *seleciona-se por automatismo o melhor, aquilo que propicia a felicidade. Em decorrência da fixação mental, vão-se plasmando no modelo organizador biológico ou perispírito, muito plástico, constituído de energia muito especial, as formas que serão assumidas pelo Espírito em próxima oportunidade de reencarnação.*

Toda forma é precedida por um modelo que lhe expressa o desejado, que se vai adaptando ao que lhe corresponde na mente.

O planejamento é do Espírito que emite a onda mental e em contato com o ectoplasma consegue modelá-lo com os seus elementos semimateriais ou mesmo físicos.

Observe-se, por exemplo, que após a morte o Espírito que foi uma pessoa míope ou portadora de algum problema que exigia o uso de óculos ou de qualquer outro equipamento agora já não tem necessidade porque o problema era orgânico. Entretanto, ele se encontra tão adaptado àquele uso que mantém alguns desses instrumentos, embora já lhe não sejam necessários. Por outro lado, a forma em que aparece é aquela na qual desencarnou, mantendo a identidade conhecida. Possuidor de diversas formas e aparências, o seu inconsciente modela no Além-túmulo a que mais lhe era familiar, a de que mais gostava ou a em que era mais conhecido...

Desencarna uma criança, por exemplo, e deixa saudades inomináveis com o imenso desejo de reencontro dos afetos que ficaram. Mas, no Além, a grande maioria desenvolve-se como se estivera no corpo físico e, quando os afetos vão encontrar aquele ser amado, ele toma a forma em que desencarnou, não a que no momento o reveste, que poderia gerar um grande choque...

Passado um período de adaptação e convivência, o Espírito volve ao natural do momento que vive.

É de muita relevância a vida mental, porque é a fomentadora de necessidades reais e falsas, assim como mantenedora da memória de todos os acontecimentos e clichês formulados.

Eis por que a recomendação de não pecar por pensamentos *é muito válida, porquanto da mente a ação separa apenas a oportunidade para aqueles que não têm controle sobre a fonte das ideias.*

Manter, quanto possível, o pensamento lúcido e tranquilo, qual um lago sereno, é o ponto ideal que todos devem alcançar, para então edificar nessa paisagem nobre e serena as futuras programações evolutivas.

A disciplina mental é urgente e necessária em quaisquer fases existenciais, porque se trata apenas de um hábito. Ninguém de estrutura normal vive sem pensar. Toda vez, portanto, quando seja atingido por uma ideia frívola, embora interessante, substitua-a por alguma outra vantajosa que lhe ocupe o lugar. Por essa razão, o trabalho exerce uma função terapêutica valiosa nos indivíduos, porque estando sempre preocupado com as realizações em pauta não se torna vítima da hora vazia, *quando surgem perturbações decorrentes da ociosidade mental.*

Todo espaço na mente deve sempre estar acionado para objetivos edificantes, nos quais os sentimentos se aprimoram e a vida se exalta.

Houve uma pausa prolongada, para nos ensejar digerir, pela reflexão, os valiosos comentários.

O silêncio permitia-nos escutar a respiração de todos.

A seguir, o benfeitor prosseguiu:

– O que mantém um Espírito aferrado à vingança por séculos de espera, mesmo conhecendo as Leis da Imortalidade e do Progresso?

É o pensamento alucinado que fixa a ideia e perde-se no tempo-espaço, que, para ele, o desesperado, tem o sabor de agora. *Quando for possível ao Espírito compreender que somente o amor pode propiciar felicidade, em qualquer circunstância, tempo e lugar, há oportunidade de transformar adubo em flores, desgraça em ventura.*

Os sentimentos primitivos, porém, a que se dá muita atenção, mantendo-os através de conceitos ultramontanos e superados, não permitem espaço para a compreensão de que todo esse tempo transcorre a prejuízo de quem assim os cultiva. A Lei do Perdão, fomentadora da paz, fixa igualmente e materializa-se *graças ao mesmo fenômeno: a mente fixa, a monoideia.*

As transformações perispirituais primitivas muito comuns nos seres atrasados dão lugar aos contos imaginários do passado, sobre vampiros, casas mal-assombradas, vinganças diabólicas, dominação de bens materiais, mesmo após a morte e toda a cadeia de males que as criaturas criam para si mesmas em face da ignorância.

De maneira idêntica, nos lugares espirituais onde renasceram seres beneméritos da Humanidade foram realizadas obras de amor e de progresso, movimentos de louvor e desenvolvimento moral das pessoas, porque permanecem imantados na psicosfera aquelas vibrações que envolvem as regiões, mantendo-lhes as lembranças felizes.

Acontece, no quotidiano, acidentes de veículos em determinadas estradas, ficando malsinados os lugares onde sempre se repetem as mesmas trágicas ocorrências.

A razão primordial é que, invariavelmente, os acidentados, não preparados para a desencarnação, permanecem nos lugares em sofrimento, muitas vezes agredidos por Espíritos desditosos, e criam-se psicosferas sombrias, que aturdem outros viajantes descuidados ou invigilantes.

O apego exagerado a bens materiais: residências, joias, pertences e mesmo pessoas por afeto doentio normalmente induz o Espírito que assim procede a manter a ideia da posse alucinada, rebelando-se e atacando todos aqueles que inadvertidamente se interessam pelas suas *propriedades.*

De grande benefício é a oração, que beneficia aquele que se envolve nas suas vibrações formosas, como aqueloutros que se acercam com sentimentos negativos e inamistosos.

Em muitos segundos matrimônios, em decorrência da viuvez, é muito comum o desencarnado acreditar-se traído e investir contra o substituto, dando lugar a obsessões de variado curso, a depender das circunstâncias e dos créditos ou débitos dos envolvidos.

Todo o esforço deve ser investido na conduta mental saudável, na emoção equilibrada, a fim de que os atos sejam louváveis e promotores de bem-estar daqueles que assim se comportam.

Os chamados milagres existenciais são resultados de leis desconhecidas ou não respeitadas, porque tudo em o Universo obedece ao mesmo programa de amor e dever inadiáveis.

Pensa no bem e a luz da paz clareará os teus passos na direção do teu triunfo imortalista.

Nunca te permitas, sejas quem for, duvidar das Soberanas Leis da Vida, porquanto são elas que sustentam o Cosmo no infinito e as micropartículas na sua união e desagregação.

Desejando que todos compreendamos e ajamos com sabedoria, deixemo-nos arrastar pelo Pensamento Cósmico na direção da plenitude, que é o Reino de Deus *dentro de nós.*

Silenciando, experimentamos imensa tranquilidade, acreditando ser muito fácil a busca do Pai em tudo e em todos.

O amor ilumina a alma que deseja amar.

Na sinfonia do silêncio na madrugada festiva de astros no empíreo, podíamos *ouvir* os soluços das ondas do mar quebrando-se nas praias belas que as confortavam.

Os Espíritos que vieram acompanhando o ex-religioso e foram detidos, quando desejaram produzir desarmonia na sala durante a sua doutrinação, ouviram o benfeitor em estado quase de transe, como resultado da ambiência vibratória.

De imediato, entenderam o irmão Spinelli, que lhes dirigiu a palavra explicando a razão por que ali se encontravam, que era a oportunidade que o Amor a todos oferece, a fim de que se desperte para as responsabilidades da vida. Ninguém vive à matroca, e o Universo não é um amontoado de coincidências e inutilidades.

Conclamou-os à mudança de atitude mental, sendo-lhes facultado ficar no local em que estávamos ou voltar à sua região de ignorância e primitivismo.

Também elucidou que neste período todas as edificações do mal seriam saneadas e os seus habitantes iriam ser reconduzidos à reencarnação ou, de acordo com as cargas vibratórias resultantes da conduta moral, seriam recambiados a planetas inferiores, em razão da mudança que se vem operando na Terra para melhor.

Todos terão oportunidade de ascender, de prosseguir ou de permanecer nos estados emocionais que lhes pareçam melhores. A sua opção encaminhá-los-á às organizações encarregadas da imensa tarefa de transferências residenciais.

Houve ligeiro tumulto, acalmado pelos amigos Templários e trabalhadores da Instituição, porque o medo assustava alguns, enquanto outros lamentavam o tempo aplicado à situação deplorável em que permaneceram.

Mediante palavras generosas e gestos simpáticos, os promotores da ordem separaram os grupos por afinidade de anelos e de imediato foram retirados do recinto, sendo encaminhados para as diversas unidades de seleção em outra Esfera...

Logo, em breves minutos, o ambiente recuperou a harmonia espiritual, e o nosso Eudalbo entreteceu comentários acerca da pandemia, explicando que os denominados picos de atividades, embora denunciassem os momentos mais graves das contaminações, continuariam de acordo com o procedimento das criaturas humanas.

O expurgo pela enfermidade prosseguiria ainda por um bom espaço de tempo, até quando a conscientização dos enfermos – que, de certo modo, todos o somos, em espírito – criasse a imunidade tanto para evitar recidivas como continuidade do processo contagioso.

A raiz do problema pandêmico qual de outra ordem encontra-se nas fontes mentais e morais dos seres terrestres, que podem mudar de tipo de infecção, permanecendo na mesma posição de fragilizado e sujeito à contaminação.

Antes do encerramento das atividades espirituais, o amigo Spinelli informou que no dia seguinte haveria uma reunião em lugar próprio, com membros de diversos grupos espalhados pelo país.

Solicitou a manutenção do espírito de caridade e de amor, fluindo das nascentes do coração de onde jorram o bem e o mal.

Esclareceu que os nossos comentários tivessem sempre a tônica do otimismo e da irrestrita confiança em Deus, ao mesmo tempo considerando que a oportunidade que desfrutávamos era uma bênção incomum, auxiliando-nos no crescimento íntimo e no espírito de fraternidade.

– *Dia chegará* – concluiu –, *e muito em breve, quando as aparentes barreiras que nos impedem a comunhão mais fácil com os irmãos reencarnados diminuirão, facilitando-nos a ambos melhor compreensão do sentido profundo da vida, e será exatamente no período em que o planeta se encontre em faixa de regeneração, a todos proporcionando motivos de felicidade no transcurso de cada existência.*

"Os Códigos de Justiça nunca são defraudados e tudo se regulariza ao beneplácito do amor."

Manoel Philomeno de Miranda • Divaldo Franco

14

PLANEJAMENTOS E VISITA SUPERIOR

Aguardamos a reunião com outros membros de diversos grupos de trabalho semelhante ao nosso com natural expectativa.

A Misericórdia do Senhor determinara que essa ajuda se fizesse em caráter de urgência, a fim de que os processos de sofrimentos fossem atenuados através dos recursos energéticos.

Significava que, na união dos dois estados de vibração entre os reencarnados e os desencarnado, a ação do bem faz-se constante e imediata.

Basta que o necessitado sintonize com as Fontes do Amor e logo recebe a resposta em paz e coragem. A prece, sem dúvida, não retira a dor nem impede que o devedor se recupere, porém atenua, dá forças, contribui com harmonia íntima para melhor resolver as problemáticas que surgem.

O dia surgira abençoado pelo sol forte em nossa área de trabalho, e a Instituição desde cedo estava em atividade.

Dos dois planos da vida chegavam apelos, perturbações pelas forças do mal com os seus tenazes de violência, que intentavam romper as defesas espirituais da Instituição e penetrar na sua intimidade para gerar dificuldades e aborrecimentos.

Naquela manhã, por exemplo, um jovem drogado estava telementalizado por um verdugo de caráter cruel, que o induzia a entrar na sala dedicada aos passes, cerrada naquele período, por cuidados em relação à pandemia.

Orientado sobre a impossibilidade de ser atendido e inspirado pelo perverso, alterou a voz, fez-se agressivo, e, para socorrer o funcionário que o auxiliava, o nosso Cláudio foi em seu benefício. Aplicou passes dispersivos nos centros coronário e cerebral do paciente, conseguindo desimantar o odiento que esbravejava furioso, expressando-se de maneira sórdida e ameaçando implacavelmente.

É compreensível que os *vingadores* e *justiceiros* sintam-se revoltados contra aqueles que se alinham no auxílio a todo indivíduo que sofre, em espírito de solidariedade e convite da caridade fraternal.

Os Códigos de Justiça nunca são defraudados e tudo se regulariza ao beneplácito do amor.

A médium Malvina amanhecera enfraquecida pelo desgaste da comunicação com o anãozinho, e durante a prece do alvorecer, mantendo-se vinculada ao seu guia espiritual, foi melhorando no trabalho que lhe dizia respeito e seguiu a faina das suas atividades.

Alguns de nós separamo-nos por momentos, cooperando com Gracindo, que se encontrava em excelente condição moral e espiritual.

A reunião fizera-lhe e à esposa um grande bem, porquanto, afastado o hipnotizador que a atormentava, ela começou a fazer reflexão bem orientada, e o esposo percebeu-lhe a significativa melhora.

Ele deu-se conta de que o seu apelo em oração fora ouvido e durante a noite houvera recebido a orientação de que necessitava.

Nunca pessoa alguma caminhará em solidão e sofrimento se erguer o pensamento à Fonte de Amor, sendo logo banhado pela suave sintonia benéfica.

As atividades eram muitas e passamos as horas exultando com a entranhável alegria de havermos sido convidados em momento tão significativo da historiografia da Humanidade.

Multiplicavam-se os serviços e, atentos ao tempo que deveríamos aplicar, aceitávamos todos os desafios que nos chegavam.

Atendendo labores da nobre Instituição no seu mister doutrinário através da ação, praticamente, não notávamos o passar das horas.

Ao anoitecer, experimentávamos inefável bem-estar decorrente da boa expectativa do encontro reservado para aquela ocasião.

A reunião se daria no coração da Amazônia, para onde rumávamos, seguindo o mensageiro que nos conduzia.

Deslumbrávamo-nos na volitação sobre as abençoadas terras do Brasil.

A noite estava espetacular.

Uma lua de prata parecia maior do que habitualmente a víamos, em razão da posição geográfica em que nos encontrávamos.

O vergel rico de vitalidade parecia exteriorizar alegria, pelo brilho das árvores em espessas matas, cortadas pelos rios exuberantes cujas águas refletiam a luz de Selene.

Quando chegamos ao lugar elegido, ficamos boquiabertos com a beleza em cores rutilantes, assim como pela movimentação de Espíritos e de *veículos* coletivos em pleno esplendor da floresta vista do alto.

Um *edifício* circular que recordava o Coliseu de Roma, em menor dimensão, possuía uma iluminação especial do próprio *material* com que fora edificado.

Edifícios outros, de menor porte, distribuíam-se em forma retangular, apresentando ruas bem desenhadas e suavemente claras pela exuberância do luar.

O coliseu estava quase lotado por incontáveis Espíritos de ambos os planos: físico e espiritual.

O nosso condutor explicou-nos que aquela Comunidade era responsável pela vida nas florestas da região, abrangendo outros países fronteiriços do Brasil, que participavam da mesma mata espessa e volumosa, daquele celeiro reserva de vida e de recursos diversos para o futuro.

Aquela atividade tivera início pós-período do Tratado de Tordesilhas, assinado na cidade que lhe deu o nome, em junho de 1494, entre o Reino de Portugal e a coroa de Castela para separar as "terras descobertas e a descobrir" por ambos os países em qualquer lugar do mundo.

Na América do Sul, houve a definição das terras que formariam o Brasil, separando-as da Espanha, por uma linha imaginária, que permitiu este país continental e os seus irmãos, quase todos fronteiriços com as suas abençoadas terras.

Esses países beneficiavam-se daquele "*pulmão do mundo*", de modo que a fraternidade vigesse entre as nações que compunham a imensidão territorial, ao mesmo tempo que todos zelariam pela sua preservação e desenvolvimento.

Ademais das florestas e dos rios piscosos, seu solo é uma reserva inimaginável de minérios necessitados para o progresso da Humanidade, desde os portadores de riqueza aurífera a outros radioativos e indispensáveis às indústrias do porvir.

Através dos tempos, a Comunidade passou a socorrer os povos irmãos nossos das florestas, que as habitavam nas fases iniciais do seu processo antropológico da evolução.

Igualmente, não foram esquecidos aqueles Espíritos que formaram os quilombos e mocambos, os *cimarrones* e *palenques*, especialmente o Quilombo do Curiaú (do Amapá), o Quilombo dos Palmares (de Pernambuco) e todos aqueles escravos que fugiam buscando um pouso, uma vida digna.

Tribos diferentes de raízes muito antigas, que desceram da gloriosa Cordilheira dos Andes e prosseguiram na saga do seu crescimento para Deus e a Vida.

Outras comunidades específicas de distintas regiões encontraram naquela cultura os recursos para aplicarem nas suas edificações regionais.

Seria como uma sede central para esparzir bênçãos por toda a América do Sul e algumas ilhas do Caribe...

Por essa razão, fora eleita para recepcionar os chefes de grupos em atividades nas terras do Cruzeiro do Sul e dos países que lhe fazem fronteira ou não.

Estavam chegando os representantes das atividades extraordinárias para receberem coletivamente as elucidações naqueles momentos relevantes da Humanidade.

Afrodescendentes, indígenas xamãs de diversas tribos e inclusive de algumas não aculturadas encontravam-se presentes, guiados por abnegados mentores de diversas crenças religiosas, de modo a receberem orientações e aplicá-las conforme a capacidade de entendimento

Surpreso, vi chegar um grupo de nobres seres espirituais capitaneados pelo Marechal Rondon, o desbravador do Oeste brasileiro, e outros vultos hispanos que haviam dedicado a existência no planeta às gloriosas histórias de heroísmo da sua fé religiosa e das suas conquistas espirituais em relação aos povos nos quais renasceram.

Adentramo-nos, por nossa vez, e nos deparamos com milhares de convidados, centenas dos quais estavam reencarnados, separados pelas origens numa harmonia de cores e de sons que soavam no ar gentil.

Nesse comenos, os serviços de reprodução do som anunciaram a chegada do embaixador Ismael, que vinha participar da efeméride.

Confesso que não pude sopitar a curiosidade e concentrei-me na entrada do recinto pela qual uma elite de guias espirituais, entre os quais José de Anchieta, Manoel da Nóbrega, acolitava o Dr. Bezerra de Menezes Cavalcanti, que era conduzido ao imenso palco.

Todos nos levantamos naturalmente e sem qualquer brilho desnecessário ou desordem recebemos os emissários do Mundo maior emocionados e agradecidos.

Encontrávamo-nos embevecidos ante o esplendor vibratório do ambiente.

À mesa diretora sentaram-se alguns vultos históricos do Brasil e de outros países sul-americanos ao lado do Dr. Bezerra de Menezes.

Nesse momento, pudemos ver no belo palco um grande coral infantojuvenil, que encheu da magia musical em suas vozes angelicais em incomparável beleza.

Ainda nos não acostumáramos com o esplendor da multidão, quando vimos uma luz multicor em tons suaves descer sobre o centro do cenário, numa névoa resplendente, e nela materializar-se a pouco e pouco o sublime Espírito Ismael, mentor da brasilidade, aureolado de inconfundíveis luzes transcendentes.

Um perfume de flores frescas, recordando o jasmim--do-cabo (gardênia), rescendeu no imenso auditório, que não pôde suportar as emoções agora transformadas em lágrimas silenciosas de felicidade.

Não acostumados às excelsas concessões dos Céus, o nosso limite emocional rompia-se em brilhantes líquidos que jorravam das comportas dos olhos.

O nobre guia fazia-se acompanhar por dois mensageiros que pareciam venerandos profetas da antiguidade israelita.

O coral silenciou, e o sublime enviado de Jesus e seus áulicos foram acomodados à mesa coberta por inigualável arranjo floral com as tonalidades azul e amarelo sobre um fundo verde, característico das cores da flama brasileira, símbolo da pátria.

Bem-apresentado, o mestre de cerimônias acercou--se da tribuna e entreteceu algumas considerações, após saudar os mentores que dirigiam a solenidade:

– *Neste mesmo instante, com as naturais acomodações dos fusos horários, em praticamente todas as nações do planeta realizava-se um espetáculo a este semelhante com os dirigentes espirituais de cada país.*

Jesus, das excelsas faixas vibratórias onde se encontra, enviou os Seus mensageiros para advertir a Humanidade e declarar definida a mudança evolutiva do nosso globo.

O guia espiritual de cada pátria exporá o que está previsto e os futuros tempos, no que diz respeito à inevitável transformação que já vem ocorrendo a passo lento e agora necessita ser acelerada.

Ouvi a palavra do Consolador, que deverá chegar aos ouvidos e às existências humanas ao mesmo instante, que agora se anuncia chegado.

Após o coral, usará da oportunidade o Anjo Ismael, que falará em nome dos mentores da Amazônia, simbolizando a fraternidade terrestre nesta ocasião especial e inadiável...

As vozes alteraram-se harmônicas, entoando uma sinfonia especialmente composta para aquela rara ocasião.

Ao terminar, o embaixador do Mestre de Nazaré acercou-se da tribuna transparente e deu início à eloquente mensagem:

– *Filhas e filhos da Terra!*

Que a paz do Senhor esteja em vossos corações!

Conheceis a história da nebulosa de gases incandescentes da qual surgiu o nosso Sistema Solar.

Sabemos como a Divina Providência manipulou essas forças gasosas e construiu o nosso amado planeta, acalmando as convulsões contínuas da sua massa em ebulição e adornou-lhe a superfície com a incomum e majestosa beleza, bem como acalmou os seus oceanos, mares e todas águas, a fim de que a vida sobrepujasse os difíceis e complexos fatores ambientais.

Surgiram os astros que passaram a iluminar as suas trevas, e o céu transparente e azul apareceu com a presença dos sessenta quilômetros de altura do seu oxigênio, envolvendo-lhe a crosta que segura a matéria ígnea do seu centro.

Vagarosamente surgiram as primeiras expressões de vida, até o momento em que o ser humano passou a habitá-la, sendo o instante culminante da obra de amor ante a possibilidade de crescer para Deus.

Passo a passo, a Lei de Progresso *estabeleceu os paradigmas de comportamento para a grandeza da Criação e através dos mensageiros celestes buscou manter o equilíbrio e a busca da iluminação interior para alcançar a onda inicial gerada no Pai.*

Por fim, veio Jesus, o próprio Construtor do planeta, para guiar a Humanidade, conforme o Seu modelo de amor.

As paixões primevas, porém, retiveram-na em a retaguarda das sensações asselvajadas, enquanto o orbe terrestre soluçava em lavas vulcânicas ou revoluções das suas placas tectônicas, organizando suas entranhas e eliminando a energia exagerada para manter o equilíbrio majestoso no seu eixo.

Simultaneamente, os pensamentos e ações físicas dos seres humanos atraíram muitas das forças inerentes ao seu processo, que geraram calamidades inomináveis.

Houve um silêncio para reflexão e logo prosseguiu:

– Graças a essa inderrogável lei, o progresso alcançou a submissa Gaia, como a chamavam os gregos antigos, alcançou o seu clímax neste nível de evolução mais elevado, eliminando do seu processo as tragédias de grande porte e as pesadas aflições que ainda são parte dos mecanismos de expiação moral.

Um mundo regenerado onde se poderá prelibar a ventura é oferecido pelo Pai aos filhos terrestres.

Isto porque o Senhor não deseja a destruição do equivocado, mas o desaparecimento do crime e por misericórdia diminuirá o tempo de depuração.

Estes, portanto, são dias de purificação interior, e, em consequência, a injustiça, a promiscuidade e a vileza moral da maioria dos humanos terrestres atraíram os tormentos que ora afligem e atemorizam as multidões desassisadas.

Incontáveis, no entanto, na sua suprema ignorância, sedentos dos prazeres ultrajantes, não se dão conta da terrível dizimação.

Estavam previstos horrores e alucinações devastadores, em guerras impiedosas, a começar pelos lares em desalinho, comunidades e países que seriam aniquilados... quando tudo mudou...

Este período é muito mais sério do que se pensa ou se trabalha para que logo passe.

As sonhadas soluções apressadas mediante vacinas preventivas e terapêuticas providenciais atenuarão, mas não solucionarão os sofrimentos programados para a sociedade atual.

Sucede que o estabelecido se cumprirá e aqueles que preferirem o caos serão exilados para mundos congêneres, porém inferiores, onde sentirão incríveis dilacerações morais pela saudade da Terra amada e dos afetos que desrespeitaram.

Verão, a distância, a generosa mãe flutuando nos espaços luminosos, enquanto os seus desertores chorarão amarguras nos primitivos lugares a que fazem jus.

Novamente, o amoroso mensageiro silenciou, para que nos uníssemos sempre e ouvíssemos a própria respiração.

Com voz em modulação de ternura e amor, deu continuidade:

A pandemia resultante da Covid-19 *que assola muitos países faz-se acompanhar de outra mais cruel, que é a do crime praticado por autoridades infelizes que exploram o momento, acumulando poder enganoso e fortuna sobre a desgraça de milhares de vítimas das circunstâncias infames que eles criaram e mantêm.*

Para esses criminosos conscientes do mal que estão fazendo, a Divina Providência reserva lições de reabilitação muito dolorosas, em razão do seu cinismo e crueldade em relação às massas mutiladas pelo sofrimento e abandono a que se encontram relegadas.

Esses vampiros dos bens públicos e particulares não fugirão de si mesmos nem encontrarão conforto à hora do resgate, qual ocorre com aqueles que exploram e abandonam covardemente.

Em razão desses criminosos aplaudidos por uns e odiados por outros, prolongar-se-ão as doenças em força de epidemias regionais, conforme a densidade da sua hediondez, e os dislates morais, atentatórios às leis de ordem e ética moral, que pretendem transformar as pessoas em espectros devorados pela sensualidade e as aberrações sexuais, telementalizadas por Espíritos de equivalente quilate, resvalarão nesses sórdidos pântanos em que já vivem sem dar-se conta.

As comunidades de vingança na Terra, nas faixas espirituais estão sendo desmontadas e os seus membros reencarnam-se pela última oportunidade de escolherem o futuro como melhor o desejarem.

Confiamos que todos que aqui estamos ofertemos o carinho e o amor de Jesus Cristo no Seu tempo, ante as injunções algo semelhantes destes dias.

Estamos convidados a interferir de toda forma possível nos sonhos bélicos e nos pensamentos nocivos, nas decisões criminosas e nos anelos de rebeldia dos povos, inspirando as criaturas, socorrendo-as com as possibilidades ao nosso alcance e desviando as atrações do mal pelas mentes viciadas.

Serão esforços contínuos de nossa parte, porque também estaremos vigilantes e operosos com as multidões de desencarnados na psicosfera tenebrosa dos lugares enfermos, aliviando o desespero e encaminhando para o trabalho e o dever de solidariedade todos aqueles que se acham injustiçados, mantendo a ignorância dos fatores que os levaram às ocorrências danosas, quando as houve.

Todos dispomos dos tesouros incalculáveis do amor e da caridade para dispensar em todo lugar, colocando luz nos veladores apagados, de modo que sempre haja claridade.

No século passado, momento houve em que o próprio Jesus visitou novamente a Terra, a fim de evitar a guerra que estava por explodir, na volúpia de algumas nações soberbas e materialistas, que ainda se encontram aguardando momento de supremacia sobre as demais.

O Seu incomparável Amor venceu as ambições arbitrárias dos seus líderes alucinados, por isso que agora o método de depuração da Humanidade é mais difícil de superado, porque as armas tremendas armazenadas não conseguem destruí-lo.

Somente o amor terá o poder de vencer as batalhas de loucura que se estabelecem na Terra, até a última, que será vitoriosa do Evangelho do Cristo, mesmo que sob outras denominações. Onde vicejar o amor, a caridade e a compaixão, o Pai Celeste se fará presente e definirá o rumo da glória e da paz para todos.

Exultemos e cantemos glórias ao Senhor e aos Seus mensageiros afáveis e sábios.

No silêncio imenso, ergueram-se as vozes corais, e as melodias celestiais nos embalaram, dominados pelas lágrimas, enquanto pétalas perfumadas caíam do alto sobre a assembleia deslumbrada.

Não acostumados às vibrações superiores da Vida espiritual, encontrávamo-nos em clima universal de amor, fruindo as dúlcidas ondas de paz e de esperança no futuro radioso.

Novamente o venerando mensageiro acercou-se do tubo transparente e começou a diluir-se, enquanto as suaves melodias corais atingiam o clímax de beleza.

Quando retornamos ao normal, permanecemos todos em silêncio profundo, respeitando o inimaginável espetáculo de que participáramos e que deveríamos trabalhar para tornar-se realidade no plano físico, embora as circunstâncias que enfrentamos.

A noite esplendia sobre a mata e ficávamos ainda mais comovidos e bem embevecidos com os raios luminosos de variegada cor e intensidade que riscavam os céus na direção da Terra. Era o fulgurante lampejo de seres angelicais socorrendo o mundo em sofrimento.

Pouco mais de meia hora após retornamos à nossa sede, encontrando-a em movimento espiritual muito significativo.

Uma oração sem palavras cantava-me no coração em retribuição à ímpar ocasião de viver aqueles inolvidáveis momentos.

Lentamente, fomo-nos impregnando dos sofrimentos e aflições das multidões em processos de ajustamento, às quais deveríamos também auxiliar.

As leis são de reciprocidade: oferecem e solicitam, doam e recolhem. Tudo, em a Natureza, obedece a esse vaivém que termina em suntuosa harmonia.

Um sentimento de autopiedade e de compaixão assomou-me ao Espírito por considerar a distância que me encontro das mercês divinas, qual um batráquio em noite de luar, deslumbrado sem entender a luminosidade que tudo borda com excelsa beleza.

Inobstante, pensamentos elevados dominaram-me de maneira jubilosa, raciocinando que tudo aquilo e muito mais se encontra ao alcance de todos nós, dependendo, exclusivamente, da escolha que cada qual eleger.

A melodia da voz do guia espiritual do Brasil impregnou-me de tal forma o sentimento íntimo que permaneceu como vibração sonora, harmonizando-me todas as células.

Sem dúvida, como afirmou Jesus: "*Bem-aventurados os pobres em espírito, pois deles é o Reino dos Céus*".

No dia seguinte, observamos que as camadas mais densas que envolviam o planeta se haviam suavizado, como consequência das vibrações inabordáveis que à véspera varreram o planeta em todos os quadrantes.

As pessoas pareciam haver sido banhadas exteriormente de luz suave e interiormente de peculiar esperança. A onda de crimes noturnos diminuiu, permitindo que se voltasse a experimentar o período de ingenuidade, mesmo que por pouco tempo.

O importante é que os Céus desceram à Terra, minimizando as angústias habituais.

Não se percebia alteração significativa nos balcões morais das negociatas e dos destrambelhos da politicagem infeliz, essa *Hidra de Lerna*, que sempre se recompõe pior do que na fase anterior.

"Ninguém consegue ludibriar
as Leis Universais,
nem se consegue exceção."

Manoel Philomeno de Miranda • Divaldo Franco

15

A CIDADE DA JUSTIÇA

Quando alguém elege trabalhar na Vinha do Senhor, não mais dispõe de hora vazia nem desencanto no serviço, porque tudo são oportunidades de reflexão e aprendizagem.

No reduto onde estagiávamos jamais faltava ensejo de ajudar. As criaturas estão sempre em processos de aprendizagem variada, não lhes sendo poupadas as mais diversas experiências que contribuem para a sua evolução.

Posteriormente às comunicações mediúnicas já relatadas, quando foram atendidos o anão e o senhor bispo, recebemos instruções dos programadores das atividades fundamentais para estudarmos a possibilidade de uma visita às furnas onde se refugiavam os Espíritos denominados *justiceiros*.

A localização era conhecida pelo irmão Spinelli e principalmente por Eurípedes, situando-se em região pantanosa, próximo a uma cadeia de montanhas muito conhecidas.

Pela manhã, em nosso setor de trabalho, reunimo-nos e o mentor apresentou uma planta cuidadosa da referida comunidade. Através de um projetor sobre tela, observamos fascinados os desenhos vivos da localização, ao mesmo tempo a movimentação que dava vida aos gráficos muito bem delineados.

O pântano imenso, parte coberto por vegetação espessa e parte descoberto, onde flutuava uma espuma escura e putrefata, era espantoso pelo empestar do ambiente com uma névoa escura e compacta, exalando odor pútrido.

Era antecipado por um charco lodacento e pestilencial em pleno coração de uma floresta sujeita às marés que traziam lixo e cadáveres de animais, tornando a região portadora de terrível podridão.

Aves de hábitos necrófagos e de tamanho exagerado voavam em volta, crocitando ameaçadoramente numa região sombria na qual não penetrava a luz solar.

Seres disformes, ligeiramente parecidos aos biótipos primitivos e peludos segurando troços de madeira rondavam a periferia com o exterior, na condição de guardas ou vigias.

Sons estranhos e funéreos surgiam e desapareciam em espocar de trovões antecipados de relâmpagos e raios que rasgavam a treva e pareciam fender o solo sacudido pelo seu impacto. Era semelhante ao período dos primeiros hominídeos (*Homo erectus*), mais símios que humanos.

Ainda arqueados, gesticulam com todo o corpo sem poderem articular sons que correspondam à comunicação verbal.

Aguaceiros constantes e gelados tombavam sobre a temerária região, tornando fantasmagórica e diluviana toda a área.

Essa era a visão da planta apresentada no seu aspecto real, embora no exterior, físico, essas características permanecessem com aspecto tenebroso...

O benfeitor explicava que a construção multissecular fora aproveitada, em razão das condições geográficas primitivas e durante séculos, desde o período das invasões bárbaras, e foi sendo ampliada e trabalhada para os fins hediondos a que seria dedicada.

É provável que, na extraordinária obra de Dante Alighieri, Virgílio houvesse conduzido o poeta, em desdobramento parcial pelo sono, a região semelhante na face da Terra, que detém número considerável em diversas partes do planeta, dando lugar à conceituação tenebrosa do *Inferno*.

O objetivo era encontrar um ponto frágil que nos permitisse adentrar nas imensas fronteiras daquele submundo e, naturalmente, darmos início aos estudos de transladação; em considerando a transformação moral dos seus habitantes, aos milhares desde priscas eras, seria muito mais complexo do que o planificado para produzir-se esse deslocamento *físico* da comunidade e dos seus habitantes que recalcitrassem ante as providências que os poderiam retirar para reencarnar-se ainda na Terra.

A projeção muito especial era impressionante, como se estivéssemos na região hostil.

Após os minudentes estudos, Eurípedes propôs que se aguardasse a noite, portanto, momento mais sombrio, e que o nosso grupo, estando próximo de um dos acessos bem guardados, quando chegassem alguns arrebanhados encapuzados, uníssemo-nos a eles, atravessando a estreita ponte distendida sobre o tremedal e lá dentro poderíamos misturar-nos aos sucessivos grupos deambulantes pelos espaços de movimentação.

Resolução aceita, foi-nos proposta uma conduta mental de compaixão e de misericórdia, de maneira que nos revestíssemos de couraças vibratórias que nos protegessem das urdiduras tóxicas do ambiente nefasto e, ao mesmo tempo, permitisse-nos atingir a meta que ignorávamos pessoalmente.

Para mim, ainda inexperiente em tecnologia transcendente, o curioso era observar que na planta projetada, à medida que nos detínhamos em qualquer detalhe, este adquiria vida e surgia em terceira dimensão.

As horas transcorriam conosco nas imediações do tenebroso local, encoberto por densa camada de vibrações de muito baixo nível, emanada pelos ali residentes e suas ações nefastas.

Nesse ínterim, acercou-se-nos um grupo expressivo de Espíritos que se identificavam pelas funções que exerciam. E de fato demo-nos conta de que se tratava de especialistas em um tipo de engenharia que eu desconhecia.

Recebidos afetuosamente pelo benfeitor Spinelli, que os aguardava com discrição, tiveram acesso de imediato ao painel no qual refletia a planta da comunidade que acabáramos de conhecer naquela projeção especial.

Eles remontaram aos alicerces das construções nas furnas da triste paisagem que logo mais deveríamos visitar.

Comentaram detidamente uns com os outros a respeito dos equipamentos especiais que pudessem deslocar as edificações fluídicas sobre os subterrâneos e salas sombrias, transformadas em estranhas habitações punitivas e residências coletivas promíscuas e miserandas.

Após as análises minudentes, foi exposta a maneira mais eficiente para a transplantação de todo o conjunto, permanecendo as edificações da Natureza que futuros espeleólogos iriam identificar como galerias fantásticas sem terem a mínima ideia do que ali havia ocorrido por séculos...

Para completar o plano de transferência da cidade, tornava-se inevitável penetrar nos seus meandros.

O Amor do Pai Celeste, que sempre busca liberar o Espírito do crime, e não o punir pelo desar praticado, facultava que caravanas espirituais misericordiosas visitassem o paul de sofrimento para acolher aqueles que se encontravam arrependidos sinceramente no lodaçal da entrada.

Animais viscosos e estranhos, muitos deles resultado de fenômenos de zoantropia, misturavam-se a batráquios e outros repelentes, em ininterrupto afogar-se sem parar. Estavam desencarnados, sim, porém despertaram naquela terrível prisão a céu aberto, cujas emanações pantanosas cobriam o brilho das estrelas.

Havia permanente tempestade específica no ar, que chibatava inclemente a região, e de vez em quando produzia chuva e frio cortante. Os relâmpagos e trovões eram pavorosos.

Mesmo aqueles atormentados que tentavam fugir pareciam apoiar-se à lama movediça que os não sustentava e cedia ao seu peso, afogando-os de contínuo.

Santa Isabel de Portugal e inúmeros grupos na sua caridade inspirados visitavam aqueles pélagos, em homenagem à Mãe Santíssima, com equipes de socorristas com redes luminosas magnéticas que, atiradas sobre o tremedal, permitiam a retirada daqueles sofredores sinceramente modificados, que se imantavam às suas malhas, sendo recolhidos. Quando, entretanto, não se tratava de uma transformação interior legítima, rompiam-se as malhas em que se agarravam e voltavam a cair no abismo.

Ninguém consegue ludibriar as Leis Universais, nem se consegue exceção.

A região era, mesmo para nós, de difícil acesso, embora a nossa melhor boa vontade. Entretanto, técnicos de socorro e visitação habitual haviam traçado rotas em linha indiana, na qual se tem apoio para alcançar a entrada de acesso ao interior.

Organizando-nos à noite, que chegara fúnebre ao local, no horário estabelecido, reunimo-nos todos à borda do imenso rincão de horror e oramos emocionados, iniciando a travessia.

Ouvíamos o clamor da tempestade e dos seres espirituais em lamentos e queixas horríveis, misturados a vozes de aves hórridas que voavam sobre nossas cabeças.

Fôramos advertidos a termos cuidados com o nosso sentimento de compaixão das suas dores, compreendendo, porém, que todos haviam elegido espontaneamente o *habitat*, porque havia também os farsantes que imploravam misericórdia, conforme as sereias mitológicas do livro *A Odisseia*, escrito por Homero, que arrastavam com as suas melodias os navegadores distraídos ou curiosos, a fim de devorá-los depois...

Vimos vários exemplos de seres chorosos e mistificadores que surgiam à nossa frente inspirando-nos piedade, no entanto eram ardilosos obsessores tentando afastar-nos do roteiro de segurança para tombar-lhes nas seduções.

Com aproximadamente meia hora, atravessamos o charco pestilencial e alcançamos o patamar sólido.

Acima da hedionda e sombria entrada via-se uma tabuleta mal-apresentada e grotesca, com a inscrição *Cidade da Justiça.*

Embora acostumado a visitar regiões dantescas, um inexplicável horror começou a apoderar-se-me.

Vigilante e amoroso, Eurípedes percebeu-me a angústia e, de imediato, com uma forte vibração mental, instigou-me:

– *Pense em Jesus e Seu Amor, porque aqui estão em maioria aqueles que O detestam e aqueloutros que O defraudaram...*

Recompondo-me imediatamente, mantive o pensamento no *Sermão da Montanha*, ao alcance de todos nós, e em número volumoso espalhamo-nos pelos amplos meandros de horror, sabendo a hora do reencontro para o retorno.

Cada grupo tinha uma função especial adrede estabelecida.

Nossa equipe reuniu-se e avançou pelo que seria um corredor central largo e de acesso a salas laterais.

Não havia curiosidade em nenhum de nós, antes o interesse de conhecer esse submundo espiritual que existe em nosso interior, cujos atos vulgares e infames põem a descoberto quando nas experiências carnais, assinalando nosso perispírito com os valores que nos caracterizam e a morte nos leva a vivenciá-los.

O pandemônio era chocante, e as aberrações, inimagináveis, praticadas em toda parte, num espetáculo deprimente e nauseante. As exsudações pútridas infestam tudo e era necessário um bom controle mental de nossa parte, a fim de permanecermos seguindo ao objetivo que ali nos levara.

Subitamente alcançamos uma sala ampla, na qual se atropelavam os residentes e dava-nos a impressão de que era momento de algum julgamento.

Um vergonhoso simulacro de justiça era representado por alguns perversos árbitros, que se sentaram num ridículo tribunal no qual estavam diversos Espíritos apavorados que deveriam ser sentenciados...

Numa agitação infrene entre gritos e chibatadas aplicadas por auxiliares do hediondo tribunal na turbamulta, foram sendo julgados os *criminosos*, alguns deles representantes de cultos religiosos enganadores, líderes comunitários e administradores que usurparam os bens públicos.

Apavorados, cada qual procurava justificar os atos ignóbeis sob acusações inclementes que negavam, mas terminavam por ceder, em face da apresentação das cenas indignas que eram expostas numa tela muito grande, na qual eram projetados alguns dos momentos incríveis em que delinquiram...

Dei-me conta de algumas atitudes no capítulo das obsessões, quando gravam algumas cenas covardes e ignóbeis daqueles aos quais pretendem submeter, ao mesmo tempo que por telepatia transmitem culpa e ressentimento de si mesmos. Na grande maioria das vezes, a momentânea vítima tombava nos quadros mentais, que os aturdiam.

As punições eram cruéis, irrevogáveis até futuro julgamento, quando expungissem parte delas.

Alguns Espíritos deformados em processo *degenerativo* na aparência, quase inconscientes do que ali se passava, foram transferidos para outro ambiente, no qual seriam hipnotizados para completarem as modificações ideoplásticas.

O *enfermo* era sentado em um tipo de cadeira especial e a ela atado. Colocava-se sobre sua cabeça uma coroa *metálica*, semelhante à que se aplica nos condenados à morte por eletricidade, e fios pesados se ligavam a equivalentes equipamentos dos *justiceiros* hipnotizadores. Estes emitiam com força mental: "Você é um lobo; todo você freme de forma lupina; assuma a sua real personalidade", enquanto as pequenas mudanças que traziam na face eram acentuadas, produzindo a hipnoplastia...

Eram transferidos para uma seção ao lado em sono profundo e, ao despertarem, haviam-se transformado nas construções mentais que foram aprimoradas no setor *terapêutico.*

Seguimos em frente e vimos verdadeiras celas de presídios insólitos, nos quais em tumulto e desespero verdadeiras *feras* se encontravam detidas.

Posteriormente, o abençoado Eurípedes esclareceu-nos que, nos períodos graves dos movimentos guerreiros na Terra, essas Entidades são liberadas e passam a contribuir com os horrores bélicos.

Neste momento em que uma tremenda obsessão coletiva avança pelo planeta, são incontáveis os Espíritos desse molde moral liberados na hedionda campanha de perversão dos sentidos e sentimentos, na pantomima do ódio contra Jesus e os Seus discípulos, nas biografias de caráter destrutivo de mulheres e homens que edificaram o bem na civilização, apresentando-lhes falhas que se encontram na imaginação dos autores, tudo fazendo para confundir.

Ao mesmo tempo, espalham meias-verdades, que são mais perigosas do que as negativas, porque transtornam o pensamento e a conduta das pessoas imaturas e ingênuas que ainda não se encontraram.

Mais adiante, vimos o desfile que é habitual como divertimento para os infelizes que enxameiam, cuja sordidez é difícil de descrever.

A imaginação enlouquecida dos maus indivíduos não tem limite, o que dá lugar às mais inconcebíveis manifestações exteriores, que os aprazem, e mais se perdem nos dédalos das aflições sem medidas, até o momento quando a Divindade interfere por meio de expurgos coletivos quais os que estão sendo acionados neste período.

Comecei a perceber que nosso grupo se destacava pela indumentária e forma de comportamento, chamando a atenção, a princípio, de um ou outro Espírito, e logo começamos a ser seguidos por uma turbamulta. A aglomeração que crescia foi-nos empurrando para outro salão, onde havia um estranho trono e alguns móveis esquisitos.

Soaram estranhos cornos, e ao meio de uma dúzia de terríveis indivíduos lupinos estava um ser monstruoso, carregado entre archotes de chamas avermelhadas, enquanto se cantava uma canção fescenina.

Fomos retidos pela turba, e, de imediato, o chefe foi colocado no trono ridículo.

A balbúrdia era terrível, assim como os odores no ar pesado e sombrio. A furna iluminada por archotes era infernal.

Misturavam-se os sons mais estranhos aos bramidos do *mar dos sofrimentos* suplicando socorro; gargalhadas de loucura mesclavam-se com os gemidos por todo lado.

...E o canto de deboche tentava suplantar a desordem.

Fomos sendo empurrados sem agressividade para o centro da sala e, quando chegamos ao lugar que lhes parecia próprio, afastaram-se ruidosamente, deixando-nos a sós.

Olhei para os semblantes dos irmãos Eurípedes e Spinelli, neles encontrando uma serenidade superior e um suave brilho que lhes expressava a sintonia com Jesus.

Talvez eles esperassem aquele acontecimento ou tivessem algum plano que ignorávamos.

Nós outros, que experimentávamos a ocorrência por primeira vez, embora confiantes, encontrávamo-nos expectantes.

Naquele instante, em que a baderna parecia atingir o absurdo, captamos o pensamento vigoroso do mentor, que nos convocava à confiança irrestrita no Pai de Misericórdia.

Uma harmonia sutil banhou-nos, e eu lembrei-me do holocausto dos cristãos primitivos.

Repentinamente, ao som forte de tambores surdos, houve um inesperado silêncio.

O chefe, com aparência tribal, levantou-se e todos se ajoelharam, enunciando expressões chulas e de bajulação, num espetáculo realmente caricato, ridículo.

Ele sentou-se novamente, com pompa e aspecto fescenino, como se estivesse divertindo-se com a situação invulgar.

Indagou-nos, então, com uma voz roufenha e ameaçadora:

– *Quem são vocês e o que desejam aqui? Ademais, como se adentraram em nossa cidade sem credenciais de autorização?*

Eurípedes deu dois passos à frente e, fitando-o com um olhar de comiseração, respondeu:

– *Somos discípulos do Evangelho de Nosso Senhor Jesus Cristo e aqui vimos em Seu nome dar notícias do Seu Reino...*

Não terminara a frase e irrompeu uma tempestade de chistes, deboches e acusações.

O chefete pediu silêncio com gritaria estrondosa.

– *Prossiga!* – impôs com irreprimível ira. – *Quais são essas notícias?*

Sem alterar-se, o cristão primitivo, que se não perturbou no passado ante o testemunho glorioso, redarguiu:

– *Estamos atravessando o período denominado como fim dos tempos maus e logo mais a justiça real será estabelecida nos corações espirituais da Humanidade, sem disfarce nem dominação arbitrária que se impõe pela força...*

Porque esta é tida como a cidade que a ela se dedica, fomos enviados para convidarmos todos ao despertamento da Verdade, libertando os seus escravos, abrindo as portas dos cárceres, desocupando os antros do que chamam de aplicação das regras dominadoras e facultando aos condenados a oportunidade de arrependimento dos gravames praticados, a fim de reencarnar-se em massa para a redenção nos próximos "últimos dias"...

Não concluiu o pensamento, quando alguns bestas-feras se aproximaram agressivos e tentaram atacar o nobre missionário do amor, porém se detiveram imobilizados por estranha energia.

Azagaias e pedras, lixo e quanto estava próximo foi atirado como chuva de ódio sobre nós; tudo, porém, pairava no ar, escurecendo mais o recinto sombrio.

A cena imprevista causou estupor, especialmente quando o dominador gritou para os seus guardas, alguns com aparência canina, outros lupina:

– *Arrastem-nos até aqui, mais próximo de mim, para esbofeteá-los.*

Diversos aproximaram-se com estardalhaço, como se ali fosse uma arena de combate, porém, quando saltaram sobre o nosso pequeno grupo, ficaram paralisados no gesto ameaçador.

Eurípedes aproximou-se espontaneamente do palanque onde estava o arremedo de trono e disse com serenidade sublime:

– *Aqui vimos em paz com o objetivo de ajudá-los a mudar de atitude, encaminhando-os à luz do Divino Amor, e somos agredidos pelo ódio e pelo medo que a todos domina.*

Jesus é o Senhor e ninguém O vence, porque é a Luz do mundo *e a* Porta *para a salvação. Por que o odiais?!*

A algaravia era ensurdecedora. A massa espiritual imensa, porque atraía outros passantes e atormentados, estava enfurecida e descontrolada.

Alguns gritavam com medo, supondo estarem diante de figuras dos deuses mitológicos e devastadores, também infernais e mais poderosos do que esses que os infelicitavam, e ajoelhavam-se, arrastando-se pelo piso imundo.

Vociferando e com os olhos em brasa, o algoz ergueu sua lança primitiva e o escudo ameaçadoramente, descendo alguns degraus e, *vis-à-vis*, deteve-se diante do Apóstolo Sacramentano.

– *Odiamos o seu Governante e construímos este reino para a justiça das Suas vítimas.*

Todos que aqui residimos estamos em processo de recuperação dos males sofridos pelos Seus representantes, e hoje desejamos que todos vivam o gozo sem fim que Ele tentou inibir com a Sua falsa pureza.

Destruiremos a memória do farsante da Cruz, apresentaremos as Suas e as misérias dos Seus seguidores que foram impostos a sociedades dos tempos passados através da História.

Não cessaremos ou diminuiremos o nosso avanço, especialmente do grupo que logo mais seguirá na direção das criaturas humanas para exterminar os desventurados que a Ele se apegam.

Nesse momento, ouvimos um alarido de vozes incontáveis que formavam uma espécie de exército e se preparavam para atacar os seres humanos, ampliando o pavor da pandemia e dos atos criminosos que estavam atingindo as famílias desajustadas nos lares...

– *Eu venci Roma, depois destruí suas igrejas absurdas e devassas, matei os Seus adoradores. Voltei e comandei milhares de homens, implantando o terror e a destruição durante a Idade Média...*

– *O irmão blasona a respeito do passado que não anulou Jesus* – retrucou-lhe o cristão decidido.

– *Mas O desmoralizamos, renascendo muitos de nós sob a Sua proteção e da falsa Igreja, reduzindo a crença pela ignorância e pelo ódio...*

– *No entanto* – adiu Eurípedes –, *Ele voltou com os Seus abençoados discípulos, os missionários, para reabilitar o mundo ingrato, e agora Sua Doutrina ressurge através de nós, os imortais.*

Enquanto acontecia o confronto, pude notar a presença, na multidão, de alguns dos nossos companheiros que aguardavam no local reservado ao reencontro e foram atraídos à sala do formidando debate da luz contra a treva.

A situação fazia-se cada vez mais grave, rica da beleza da fé do nosso benfeitor de tal forma que, ante os fatos extraordinários que aconteceram com os agressores, passou a influenciar os tementes encarcerados, que não entendiam exatamente a ocorrência.

O ambiente tenso e exsudando baixíssimas vibrações, ante a mente cristã do nosso grupo, foi permeado por tênue claridade que não apenas se misturava na densa névoa, como envolvia o combatente do Evangelho.

Nesse comenos, ouviu-se um estrondo estranho na imensa caverna, que ficou repercutindo nos diversos cômodos, assustando os residentes.

Tive a impressão de que o furioso controlador da cidade iria atacar *fisicamente* o antagonista, tão próximo se acercara, numa transformação monstruosa de um gigante lendário e destruidor, quando, profundamente compadecido, Eurípedes lhe disse:

– *Meu irmão, aproveita este momento. Jesus espera por ti. Rende-te à Sua Misericórdia e liberta-te do ódio que te consome.*

– *Nunca!* – berrou o adversário. – *Persegui-lO-emos até a consumpção d'Ele ou a nossa. Não se trata de uma questão banal... São séculos de rancor e luta, sendo que, desta vez, nossos exércitos espalharão o horror e o crime entre aqueles que se Lhe vinculam. Muito em breve daremos as ordens de comando e iremos pessoalmente dirigir a ofensiva.*

Não me venha também com truques circenses, paralisando os nossos membros, lembrando-se de que são invasores de propriedades que lhes não pertencem. Desnecessário informá-lo de que também disponho de recursos dessa e de outra natureza.

Ato contínuo, voltou-se na direção dos Espíritos imobilizados em atitude viva de agressividade e, enunciando algumas palavras que pareciam cabalísticas e fazendo gestos algo ridículos, devolveu-lhes os movimentos a ponto de tombarem no chão.

No mesmo instante, o visitante que representava o Senhor concluiu a nossa visita:

– *Cumprimos com o nosso dever. Ainda é tempo, desde que, ao sairmos daqui, já não teremos alternativa senão transplantarmos a cidade para a região do exílio que receberá os maus.*

Caminhando vagarosamente entre os aturdidos – alguns choravam e pediam apoio, outros gargalhavam bestializados –, retornamos à entrada, onde encontramos os demais companheiros e fizemos o caminho de retorno.

A noite estava banhada pela palidez de uma luz turva, que mal vencia algumas camadas carregadas de densas vibrações inferiores.

"As Sublimes Leis não convêm com os desastres morais que praticamos, seja qual for a justificativa, sempre falsa."

Manoel Philomeno de Miranda • Divaldo Franco

16

PROSSEGUEM AS PROVIDÊNCIAS

Eu continuava profundamente emocionado com tudo de que participara, especialmente com a coragem da fé e do amor do abnegado irmão Eurípedes.

Acercando-se de Spinelli, disse-nos:

– A visita fazia parte do nosso programa; nada, porém, deveríamos anunciar antes, em razão de muitas dificuldades que poderiam impedir a sua execução.

Neste momento, em diversos conglomerados dessa natureza, nossos grupos estão realizando algo semelhante e a continuar, por todo o planeta preparando os acontecimentos do futuro.

A mudança planetária será radical, porque o progresso é inabordável e ninguém pode detê-lo, porquanto está entre as maravilhosas Leis de Deus.

Que saibamos executar as tarefas que nos competem e servem de auxílio aos serviços de mais alta magnitude.

Logo ouvimos o resultado da visita dos *engenheiros espirituais* e de outros grupos que visitaram especificamente setores que lhes diziam respeito.

Eu não tinha ideia da hora em razão das sombras dominantes.

Sem identificar a origem, repentinamente percebemos uma claridade diáfana que se espraiava por toda parte, deixando-nos ver os pântanos à sombra das montanhas altaneiras.

Agora captávamos mais o coaxar dos batráquios com as lamentações humanas hórridas que escapavam das águas lodacentas entre papoulas-do-brejo, ninfeias, juncos e outras, com seus longos caniços...

Era um espetáculo comovedor e terrível, porque ali estavam afogando-se sem cessar muitos Espíritos infelizes. Nas bordas, alguns onzenários revolvendo a lama como se fossem lâminas de ouro, imundície que a sua mente viciosa enxergava de maneira diferente.

A luz branda que os permitia serem vistos constrangia-nos pelos seus aspectos horripilantes e degradações da forma da face. Os apelos eram em gritos e revolta, reclamações e justificativas. Também se agrediam mutuamente, num espetáculo deprimente e intérmino.

Surgiu do outro lado em que nos encontrávamos um grupo espiritual, formando uma fila indiana, que avançava pelo tremedal. Alguns carregavam lanternas antigas, que derramavam uma claridade avermelhada, enquanto outros seguravam redes brilhantes, que se destacavam nas sombras.

Spinelli esclareceu-nos que era a Rainha Santa Isabel de Portugal no seu ministério sublime de arrancar daquele paul os Espíritos que se encontrassem em condições de mudanças de vibrações, tomados pelo arrependimento e necessitados sinceros de amparo.

A figura da senhora deslizava à frente, adornada por um fio dourado sobre a cabeça e o pescoço, como uma auréola sublime.

Fizemos silêncio e, magnetizados pela beleza do amor, vimo-la e ouvimo-la dizer:

– *Almas sofredoras que buscais a redenção!*

Vossas súplicas estão sendo ouvidas.

A Magnanimidade do Pai Celestial e o Amor de Nosso Senhor Jesus Cristo chegam até vós, a fim de atenderem vossas necessidades de redenção.

Sabeis por que vos encontrais neste reduto de penitência e punição escolhido por vós próprios. Senti-vos cansados e arrependidos, compreendendo as ilusões do corpo frágil e putrescível ante o Espírito viciado e rebelde.

Vimos buscar-vos sob a ternura da nossa Mãe Santíssima, a Senhora dos Anjos, que se compadeceu das vossas dores.

Esta é uma oportunidade última que não deve ser desconsiderada, pois que logo mais uma chuva de mais rudes sofrimentos cairá sobre vós na grande mudança para outras paisagens mais primitivas.

O Pai, todo misericórdia, não deseja o aniquilamento dos maus, porém o desaparecimento do mal que ainda reside em nós.

Deveria haver um amplificador de voz para mim desconhecido, porque a emissão da nobre garganta era em um tom harmônico e musical, repercutindo em toda região, pois o número de cabeças que se erguiam das águas pútridas era cada vez maior, assim como os gemidos e brados de socorro.

A fila adentrava-se cada vez mais, enquanto ela falava iluminada, e numa ou outra oportunidade atirava uma rosa brilhante no escuro pântano, de imediato as redes brilhavam no ar e caíam formando claridade de pirilampos que pulsavam.

Os aflitos seguravam-se fortemente nos cordéis que as sustentavam, enquanto outras rompiam-se, devolvendo ao lodo o candidato que tentava libertar-se do local terrível.

Posteriormente, soubemos que estes que não logravam sair em verdade não estavam arrependidos, mas amedrontados, e as vibrações da teia salvadora não os seguravam por falta de energia correspondente.

Eram retirados, como na comum rede de pescar, e conduzidos por auxiliares preparados que os transferiam para macas e eram colocados numa área de grama acolhedora a regular distância. Dali eram transferidos para câmaras de recuperação próprias, reiniciando a existência malograda.

Continuava a canção de amor na dúlcida voz da Senhora da Caridade:

– Nunca podereis afastar-vos da verdade, que é semelhante ao ar que nutre o corpo, a onda que mantém o Espírito. Onde quer que vades lá a encontrarei com diferente indumentária verbal ou realidade inabitual, porque é o Psiquismo do Pai vitalizando o Universo.

Arrependei-vos dos vossos erros. Mergulhai no íntimo e lá vereis as razões das vossas dores, ouvireis a consciência clamar, enquanto a anestesiáveis com os vossos enganos e alucinações.

As Sublimes Leis não convêm com os desastres morais que praticamos, seja qual for a justificativa, sempre falsa.

Recomeçai, pensando em Jesus, no Seu Calvário e Sua dedicação total a nós, sofrendo sem motivo, somente para que pudéssemos compreender que a evolução é inevitável e a dor é um dos seus instrumentos.

Dai-vos a vós mesmos outra oportunidade. A grande noite, que se arrasta com pesadelos, já se dilui ao nascer de um novo dia, o da redenção.

Oferecemos o nosso amor maternal para que tenhais forças de libertar-vos das rudes paixões destrutivas que permanecem asfixiando-vos nos seus tenazes.

Agora é momento muito desejado.

Vinde pensando na libertação a fim de seguirdes o rumo da felicidade.

Jesus vos espera, e nós também.

À medida que a sua voz chegava ao lamaçal, as multidões aflitas escutavam alguns pensamentos de renovação, que lhes assomavam à mente e ao sentimento, diminuindo a densidade do chavascal, agora banhado por uma claridade que diminuía a densidade do lugar hórrido.

Detendo-nos a olhar o grupo de servidores, notávamos as luzes que conduziam, mas também o brilho que exteriorizavam com delicada tonalidade.

O espaço onde eram colocados os que foram alcançados pelas redes estava abarrotado em muito boa organização.

Ali mesmo se providenciava a aplicação de terapêuticas próprias, como passe, hipnose, palavras de acolhimento e transmissão de energias saudáveis com o objetivo de desencharcá-los dos miasmas de que se nutriam.

Logo depois, em veículos especiais que não pude bem identificar, assim como em macas, um grande número de pacientes foi transferido, e a benfeitora e o seu séquito desapareceram na claridade de onde surgiram.

Confesso que emoções incomuns visitavam-me, falando-me da grandeza do Amor do Pai Celestial e do Mestre Jesus, buscando as ovelhas tresmalhadas e aprisionadas nos sofrimentos sem paredes.

Lágrimas desciam-me pela face, em oração sem palavras, que expressavam gratidão e entrega total ao Amor sublime.

Fomos alertados de que outros membros que estavam conosco demandavam os seus núcleos de serviço e que também era chegada a hora de retornarmos à nossa sede.

Não havia em nenhum de nós qualquer cansaço, mas um sentimento de profundo carinho por tudo e todos, que não sabíamos explicar.

Alguns minutos depois, alcançamos nosso lar temporário.

Amanhecia vagarosamente. Os primeiros raios de sol coloriam as nuvens escuras, que pareciam correr perseguidas pela luz.

Eram muitas experiências incomuns que necessitavam ser carinhosamente guardadas para reflexões posteriores e aplicação futura.

Alguns de nós optaram pelo repouso, enquanto preferi aguardar a chegada do Astro-rei, que iluminava o novo dia.

O movimento espiritual em nossa Comunidade era expressivo. Participantes de atividades mediúnicas retornavam ao corpo ou seguiam em direção ao Mais-além.

Dentro em breve, os residentes despertaram e as atividades tiveram início, porque o trabalho faz parte do progresso e é bênção de Deus para o desenvolvimento intelecto-moral das criaturas humanas.

Nesse comenos, o amigo Spinelli acercou-se-me e, com o semblante sério, que expressava alguma preocupação, fez uma síntese feliz da atividade de que participáramos e elucidou:

– Necessitamos comunicar aos bons trabalhadores reencarnados em chamadas de advertência o que vem ocorrendo em nossa Esfera causal. Convidá-los à manutenção de comportamento moral severo e à ação da caridade como normativa de equilíbrio existencial.

A maioria dos espiritistas tem conhecimento da gravidade destes dias e está esclarecida quanto às mudanças profundas que se estão apresentando à sociedade terrestre. A transição planetária vem sendo trabalhada com afinco desde o fim do século passado, e a luta entre o dever e a negligência, assim como os testemunhos espirituais que a todos quase afetam, representa o significado do momento cada vez mais grave.

Como vimos, algumas comunidades infelizes da Erraticidade inferior equipam-se de legiões para invadir os grupamentos sociais e penetrar nas organizações humanas, criando situações embaraçosas e perturbadoras, com dissídios, agressividade, obsessões coletivas e descida moral pelas valas desditosas das condutas irrefreadas.

Não faltam em nossos grupamentos doutrinários do Espiritismo adeptos invigilantes que ainda não se permitiram influenciar moralmente pelos maravilhosos conceitos emanados da Codificação. Não raro, quando por ocasião das advertências sobre conduta moral ou relacionamento, comentarem que há muito exagero nas informações que procedem da nossa Esfera de vida. Outros, mais afoitos, rotulam-nas de animismo, quando são gentis, ou acusam com facilidade de tratar-se de mistificação de Espíritos zombeteiros ou mesmo dos médiuns... E preferem adotar as "modas", as "novidades de comportamento", denominando os fiéis como ortodoxos e a eles mesmos como evoluídos...

Todos irão fatalmente desencarnar e constatarão de visu, *arrebanhados pela realidade que se negaram aceitar.*

O benfeitor sorriu numa expressão de quem lamenta ocorrência de tal natureza e continuou:

– Somos, quase todos, devedores ante as Leis Soberanas da Vida, portanto, sujeitos aos impositivos da evolução. O Espiritismo repete Jesus, e a Sua Mensagem encontra-se ínsita em todos postulados com que os embaixadores do Evangelho compuseram a Codificação com a sensatez e o equilíbrio de Allan Kardec.

Como é natural, a revelação é sempre lenta, e passado o período, chamemos revolucionário, da sua apresentação e divulgação nos séculos XIX e XX, chega o momento da vivência das suas elucidações e máximas, exigindo de todos nós grande seriedade e devotamento nos "negócios do Senhor".

É inegável o desenvolvimento intelectual, industrial da civilização, nada obstante se chafurda no crime e no desdém às questões ético-morais, considerando-as ultrapassadas e indignas por não se ajustarem à nova ordem de devassidão em nome da igualdade, da aceitação de tudo, para não passar como perturbador da ordem e fanático...

Somos todos, inevitavelmente, inspirados por seres equivalentes às nossas aspirações e sonhos.

O certo e inevitável é que todos devemos preparar-nos para amar e servir sem medida e sem dimensão. A dor atinge-nos a todos mais cedo ou mais tarde, e os indivíduos fortes e líderes da desordem, quando atingidos pela fatalidade dos acontecimentos, rebelam-se, tombando na depressão ou na revolta, nas drogas aditivas ou no suicídio direto.

O amigo preocupado fez uma pausa, deixando-se banhar pela claridade solar, e após um suspiro jovial concluiu:

Façamos a nossa parte e, como o apóstolo Paulo, cumpramos o nosso dever.

Vamos trabalhar!

Seguimos ao hospital e ali encontramos um verdadeiro caos, com informações ilegítimas, condutas estranhas e pacientes que chegavam em estado deplorável, necessitados de serem atendidos na unidade de terapia intensiva, superlotada, com falta de aparelhos para facilitar-lhes a respiração, mediante a entubação, enquanto o Anjo da Morte os arrodeava e alcançava algum em situação mais dolorosa.

O único recurso de que dispúnhamos eram os passes aplicados por Cláudio, que se desdobrava, enquanto Eudalbo assistia os mais desesperados.

Aumentara significativamente o número de Espíritos perturbadores e obsessores tentando ampliar o sofrimento das suas vítimas, somando à Covid-19 os seus fluidos pestíferos que lhes ampliavam a falta de ar e a lucidez mental, levando os padecimentos ao desespero e angústia.

Certamente, Espíritos generosos também eram vistos atendendo a diversos outros, cujas vibrações de fé e esperança na oração facilitavam o concurso de familiares e benfeitores desencarnados.

Adentrei na UTI e pude acompanhar o socorro de equipes espirituais de nosso plano, auxiliando os pacientes a não sofrerem interferências morbíficas, ao mesmo tempo sendo atendidos com imenso carinho.

As orações adentravam-se no recinto como suaves melodias cujas vibrações envolviam aqueles aos quais eram direcionadas.

Movimentavam-se também auxiliando médicos e enfermeiros, aqueles benfeitores anônimos expostos, muitos dos quais não puderam fugir à fatalidade da contaminação e viriam a desencarnar em todos os lugares...

Preparávamo-nos para seguir à Instituição que nos albergava, quando um Espírito de elevada condição moral aproximou-se-nos e solicitou ao amado Spinelli a sua cooperação e a do nosso grupo. Ele deveria realizar um tratamento especial em favor de um paciente que recém-chegara àquela unidade de urgência e necessitava desse socorro.

Carinhosamente atendido pelo benfeitor, expôs em breves palavras que se tratava de uma revigoração de energias com a finalidade de ampliar-lhe o tempo no corpo físico.

Dirigimo-nos com ele ao enfermo, que já se encontrava entubado e quase em choque. A respiração era-lhe muito difícil e entrecortada, com o organismo desgastado em convulsões periódicas. O pavor da morte dominava-lhe a face suarenta e a asfixia minava-lhe as últimas resistências físicas. O Espírito debatia-se nas escassas energias em dolorosa angústia.

Devotado enfermeiro ajudava-o e orava com fervor em seu benefício, irradiando vibrações saudáveis, que se mesclavam com as que eram eliminadas em tonalidades mais baixas e quase sem vitalidade.

O benfeitor que acorreu em seu favor solicitou ao nosso passista que lhe aplicasse a bioenergia no *chacra coronário*, enquanto o Espírito em lento processo de desprendimento adormeceu, sendo colocado em um leito do nosso campo espiritual.

De imediato, vimos um equipamento especial que terminava em dois tubos transparentes tendo duas agulhas na parte final. Aplicada uma delas na artéria do braço esquerdo, passou a derramar um líquido quase vaporoso que vinha de um recipiente colocado acima e transparente, no qual víamos os fluidos em movimentação, mesclando-se para alcançar uma unidade, desde que pareciam ser diferentes individualmente.

Eudalbo, nosso passista, igualmente se deitara ao lado do enfermo e tivera o braço direito, na mesma artéria, aplicado com a outra agulha que levava a sua energia vital ao vasilhame acima.

Concomitantemente, pareciam descer num tubo com maior calibre energias diferentes, entre as quais as carreadas pela Natureza, cuidadosamente canalizadas para o referido recipiente. Mais tarde, soubemos que se tratava de energias de árvores frutíferas das proximidades e do plancto do mar...

O especialista abriu-lhe o peito e trabalhou em algumas artérias com o objetivo de desbloqueá-las, massageou o coração, havendo logrado êxito.

Nesse ínterim, o fluxo sanguíneo visível movimentava-se no ritmo equilibrado da saúde.

O atendimento prosseguia, quando o enfermeiro que assistia o doente pôs-se a pedir socorro ante a parada cardíaca e de imediato começou a golpear o peito, seguido por choques elétricos.

O órgão delicado volveu a sua sístole-diástole para a alegria do jovem auxiliar.

A parada, no entanto, fora provocada desde o nosso lado, enquanto haviam sido realizadas as terapêuticas de desobstrução e a aplicação da energia no órgão vital.

Cessada a aplicação das forças vitais que lhe prolongariam a existência, foram retirados os tubos e tomadas providências específicas que o acalmaram, diminuindo a aflição anterior graças ao respiradouro que o auxiliava com segurança.

Uma hora depois, o enfermo apresentava sinais visíveis de recuperação, a caminho de posterior recuperação.

Ele acabara de receber moratória da existência física em razão de atividades de benemerência a que se dedicava e das orações dos seus beneficiários, que intercediam à Providência Divina em seu favor.

Logo após, soubemos que o excelente benfeitor era o doutor Carneiro de Campos, cuja existência fora um Evangelho de feitos cirúrgicos que salvaram vidas incontáveis durante a jornada terrestre.

Estava ali com a sua equipe dando prosseguimento aos labores exercidos na Terra, que a desencarnação não conseguiu interromper.

As emoções a todos nos tomaram, constatando sempre a presença do Amor e da Sabedoria do Pai Celestial.

Imediatamente, após breves comentários, rumamos para o nosso grupo, onde nos aguardava a programação central da nossa agenda.

"A luz brilha mais
quando a treva
é mais densa."

Manoel Philomeno de Miranda • Divaldo Franco

17

ILUMINAÇÃO DE CONSCIÊNCIAS

O tempo sempre urge e, quando nos encontramos envolvidos por tarefas relevantes, não nos damos conta de como passa com rapidez.

Inúmeros atendimentos foram realizados, especialmente na terapia do passe e no trabalho de inspirar pessoas aflitas que entravam em contato telefônico com a abençoada Instituição Espírita, assim como atendimentos de urgência a pessoas receosas que se encontravam intimidadas pelas comunicações jornalísticas e televisivas mentirosas ou exageradas.

Essas atividades sucediam-se porque a Terra ainda é o hospital-escola de almas em busca da saúde real e do conhecimento das Divinas Leis.

Sempre surgem momentos para a ação fraternal da caridade, que é a luz brilhante à frente, a distância.

Havia sido programada uma reunião mediúnica para aquela noite, em prosseguimento dos compromissos e responsabilidades.

A nossa visita à *Cidade da Justiça* causara uma verdadeira revolução em outros grupamentos de igual objetivo na Erraticidade inferior. A notícia desse feito espalhara-se e houve uma movimentação para reforçar as entradas e aumentar com rigor as incursões perniciosas às criaturas, alvos essenciais e prioritários dos adversários do bem, especialmente os espiritistas.

A Instituição que nos albergava passou a ser agredida de maneira impiedosa, e pessoas obsidiadas foram conduzidas às suas portas, cerradas por impositivo das circunstâncias, embora sendo atendidas de forma especial por vigilantes diretamente selecionados pela diretoria. Era, porém, impossível evitar-se a balbúrdia e o número de deambulantes em lamentável estado de apresentação, o que constrangia os residentes no bairro, que passaram a demonstrar o seu desagrado e mesmo animosidade.

Por outro lado, as organizações terrestres voltadas à baderna e à agressividade foram reforçadas, aumentando os ataques gerais nos diversos setores da sociedade, piorando a situação vigente.

Grupos constituídos por pessoas desalmadas e destituídas de sentimentos morais e fé religiosa engrossaram as suas fileiras com ira contra Jesus e Seus discípulos, arrebanhando para as suas fileiras os indiferentes e sonhadores do prazer voluptuoso e consumidor.

Os trabalhadores do bem e dos deveres éticos passaram a ser acossados nos seus ideais e mesmo anatematizados pela sua temeridade de os enfrentar.

Muitos membros pertencentes às ideias espúrias que se mantinham discretos foram estimulados, rompendo o seu silêncio e o disfarce sob o qual se ocultavam para cerrarem fileiras com os radicais e agressivos.

Nenhum valor de dignidade ou de dedicação ficou sem os pingos da lama atirada a muitos vultos do passado que amaram e contribuíram para o progresso da Humanidade.

Honrados seareiros, portadores de vida correta, viram seus nomes coroados de epítetos desonrosos, por caluniadores de plantão, que os difamavam, gerando confusão e dúvidas nas demais pessoas sinceras e buscadoras da verdade.

Espíritos desencarnados ociosos e falsos passaram a dar comunicações falsificando os ensinos das doutrinas éticas, e particularmente cristãs, com refinada ironia e zombarias chocantes.

Desnecessário assinalar o zelo dos servidores fiéis que se não permitiram conspurcar pelas suas investidas, nem perderam tempo nas discussões inúteis e portadoras de animosidade com o único propósito de confundir e desequilibrar...

A luz do amor passou a brilhar com mais claridade, e os sofredores encontraram apoio e conforto moral para atenuarem os padecimentos e compreenderem as razões das suas aflições por abnegados seareiros de Jesus.

A luz brilha mais quando a treva é mais densa.

No ardor das batalhas contínuas, apareceram heróis antes anônimos e estoicos, aplicando as suas forças na preservação dos ideais ancestrais que geraram o progresso e facultaram encontrar a harmonia e o Reino dos Céus na Terra.

Desse modo, tivemos horas refertas de trabalho cristão e fraternal.

Portanto, à medida que o tempo passava, anotava em meus sentimentos uma ansiedade crescendo em ondas de ternura pelos sofredores humanos.

À noite, providências haviam sido tomadas para preservar o santuário de trabalhos mediúnicos, impedindo a entrada na sua área física de Espíritos não convidados.

Servidores do Cristo cercaram todo o grupamento de edifícios igualmente envoltos numa claridade que provinha do Alto e o circundava.

Às primeiras horas da madrugada demandamos aos recintos mediúnicos e a movimentação era inusitada.

Mais de uma vintena de Espíritos da cidade visitada ali se encontravam em aturdimento, conduzidos por hábeis amigos espirituais, outros zombeteiros e frívolos observavam o que se passava e aqueles que se deveriam comunicar adormecidos ou semi-inconscientes sob cuidados espirituais.

O irmão Gracindo e outros companheiros da organização física, em parcial desdobramento pelo sono e convidados, encontravam-se conduzidos, alguns sem o saberem, enquanto Malvina e os nossos, após a prece de abertura, colocaram-se em posição de servir mediunicamente. Foi Malvina quem primeiro entrou em transe sob a influência do bispo de M., que já houvera sido atendido antes e fora conduzido a uma câmara de tratamento.

O aspecto lupino em que se apresentava era comovedor.

Despertando e em plena lucidez blasonou:

– *Estou de volta inesperadamente para vocês.*

Venho em nome do meu deus dar prosseguimento ao debate em que nos encontramos da primeira vez.

Já instalamos o período do ódio entre vocês, os ditos cristãos-espíritas, e assinalamos que estão próximos os dias da nossa vitória com os choques que se multiplicarão entre vocês, os usurpadores da felicidade dos pobres e das camadas esmagadas pela sua desfaçatez e insensibilidade.

Acreditam, por acaso, que nos deixamos atemorizar perlas falsas teologias sobre Deus, imortalidade, justiça?

Não aceitamos esses contos de fadas nem outros mecanismos de fuga da realidade, que são as nossas misérias, soberba e desventura?

Estão equivocados. Tudo se acaba, consome-se com o tempo.

Aqui temos duas correntes filosóficas: a esotérica e a exotérica. Entre nós, os sábios, conhecemos a desagregação do ser e sua consumpção, aniquilamento na poeira *da energia, e aos exotéricos ensinamos a imortalidade, na qual nada se extingue e se expressam recompensa e punição.*

Só existe o caos em tudo, e nós somos as sucessivas ondas do nada ainda cristalizadas. Vão-se diluindo as mais grosseiras, depois as mentais ainda cristalizadas e assim sucessivamente, até o nada.

Para nós, somente o prazer e o ódio a quem interfere em nossos planos ou tenta criar-nos embaraços, nesta luta sem quartel contra a estupidez que dominou os séculos e a ignorância em que foram mantidos os seres humanos...

Vimos restaurar o nada histórico e preparar-nos para a consumpção. Temos que aproveitar, enquanto permanecem os resíduos da organização mental que tivemos para aguardar a desintegração ou para o esquecimento.

A nada tememos e nos submetemos à força maior que nos encaminha ao máximo da loucura.

Não é qualquer um que lhes fala, mas um príncipe da Igreja decadente.

Despertem, hipnotizados pelos mitos e vitalizados pela esperança de Vida eterna. Para que eterna? Tudo se consome num átimo, para que a sobrevida?

Hoje veremos isso em nosso debate.

Eu na morte, e vocês no equívoco da vida.

Preparem-se para desfrutar e matar esse símbolo de algo que jamais existiu, semelhante a Krishna, Zeus, Atom... Ilusões!

Deu ruidosa gargalhada.

A médium reproduzia os meneios e movimentos do comunicante.

Embora as suas palavras se revestissem sempre de ironia, o rosto estava marcado pela dura expressão lupina.

Era a primeira vez que ouvia tão terrível sentença de aniquilamento da Criação. Embora se encontrasse com as funções mentais, emocionais e dispositivos complexos da vida, a tudo considerava de natureza imaginária.

Compreendi melhor o comportamento de filósofos, artistas, belos cidadãos de ambos os sexos que defendem ideia equivalente de que o acaso reúne moléculas a seu bel-prazer para consumi-las depois em vapor imaginativo.

O nosso Eurípedes era o dialogador que o deixou realizar a catarse que o outro anelava, o que fez com alegria, a fim de poder entretecer considerações, conforme aconteceu.

Embora as defesas de estrutura do recinto dedicado à oração e ao socorro da caridade, as emanações mentais e exsudações dos convidados à comunicação espiritual deixavam o ambiente saturado de energias deletérias.

Com a presença massiva de Entidades interessadas, algumas das quais vinculadas psiquicamente ao comunicante, havia ruídos e ouviam-se gritos e exclamações de alguns doentes em situação mais complicada.

Na pausa que se fez natural, Eurípedes expôs:

– *Seria, sem dúvida, uma aberração da lógica e do conhecimento podermos contemplar o Universo e tudo quanto abarca, fosse ele autoedificador que atingiu um estágio de beleza e aperfeiçoamento nos seres humanos, ser resultado do nada, qual se esse nada fosse a força cósmica que lhe deu origem. Mudaríamos somente de designação, substituindo Deus por Natureza, nada ou equivalente. Sempre chegaríamos ao ponto inicial, à grande interrogação que tem estado presente no infinito do tempo.*

Esse conceito estúpido não pode viger em mente igual à do Sr. bispo, conhecedor de Santo Agostinho e das suas conclusões a respeito da vida e sobre a sua origem.

Os primeiros cristãos contentavam-se com a Criação realizada pelo Pai de Amor e não a discutiam. Com o tempo e o múltiplo surgimento de teses a respeito do ser humano e do seu destino, os filósofos e teólogos sofisticaram a simplicidade da crença aos padrões da cultura e surgiram as variadas escolas de pensamento, entre as quais está a Criação Divina.

Como o nosso objetivo não é filosofar, porém estabelecer padrões morais de comportamento para a vivência imortal, a sua negligência religiosa enquanto na Terra e conduta reprochável oculta sob o manto da fé transtornaram-lhe a mente, e o senhor optou pela solução mais simples e estúpida, que finge aceitar entre conflitos que o atormentam.

A sua e a perseguição aos discípulos de Jesus, assim como a Ele próprio, demonstram que se trata de uma realidade que os fatos confirmam. Primeiro, veio Jesus anunciar o Seu Reino e vivê-lo, depois os Seus exemplos no cotidiano, culminando com a morte, que seria a consumpção, e Ele ressuscitou com o mesmo corpo, *tão igual e comum que se alimentou do peixe assado na sala em que apareceu aos Seus.*

Não se trata de uma concepção, de uma fantasia, de um fenômeno asilado, porque a cena se repete inúmeras vezes, naqueles dias, e periodicamente até hoje.

A vida é imperecível e iremos demonstrar-lhe.

Por ocasião do seu ministério religioso, fez voto de castidade e, nada obstante, desrespeitando o compromisso, seduziu diversas criaturas ingênuas ou invigilantes, dentre diversas a jovem Marcela, de pouco mais de 14 anos. E o fez num dos lugares denominados sagrados: o confessionário!

Perturbado pela degradação interior e pelas elucubrações perversas na área do sexo, sentiu-se fascinado pela infanta que se sentiu atraída pelos seus gestos e palavras de hábil sedutor. Com o tempo e as facilidades que a posição eclesiástica lhe concedia, logrou seduzi-la prometendo futuro consórcio matrimonial logo cumprisse determinados regulamentos com os quais a iludiu.

– *Não vá adiante, caluniador!* – bradou com aspereza.

– *Sim, claro que irei* – redarguiu-lhe o venerando apóstolo...

– *Utilizou-se da infeliz menina – que passou a ser maltratada por algumas das beatas que o vigiavam também com interesse insano –, mas quando inesperadamente ela descobriu que estava em gestação e lhe deu ciência, a sua reação foi covarde e perversa, propondo o aborto imediatamente, antes que os sinais a denunciassem sem alternativa.*

Movimentando o seu círculo de desvairados, soube de um médico aborteiro e, quase ao terceiro mês, eliminou a vida em floração que a jovem carregava no ventre.

Ela era frágil e insegura, sabia que estava em pecado *e, após confessar-se com o seu algoz, resolveu por suicidar-se, em tentativa louca de livrar-se do clamoroso erro.*

O silêncio fez-se na sala, e o presunçoso religioso começou a contorcer-se e a emitir sons terríveis através da médium.

– *Mas isso não foi tudo...* – prosseguiu o mentor. – *O corpo da criança foi despedaçado ainda em formação, mas o Espírito, que já se lhe estava fixando, permaneceu no claustro orgânico e em sua volta, terminando por ligar-se a você. Não se consumiu no nada, mas continuou exatamente como era, agora com propósitos definitivos.*

Não raro, o Espírito escamoteia a realidade por detrás das fantasias que lhe comprazem. Por ocasião do autoencontro, além da organização física, a realidade se desveste das desilusões, que ressurgem com as fortes características que foram ocultadas.

Esse reencontro com os acontecimentos arquivados na mente produz choques morais de alta magnitude naquele que desejou escondê-la.

Verdadeiras máscaras postas na fase das atitudes detestadas que se desejou ocultar diluem-se, e o ser é constrangido ao autoenfrentamento com as consequências que se lhe derivam.

Tal ocorrência dá lugar a formações ideoplásticas que passam a vestir o trânsfuga até que uma dor profunda ou algo poderoso destrua a figura plasmada e se inicie outro ciclo correspondente à sua realidade interior.

Muitos Espíritos perversos se travestem de formas horripilantes para esquecer os males executados e ocultar a vilania praticada contra o seu próximo.

Mediante as Leis de Afinidade e Sintonia Vibratória, permanecem nos mesmos níveis de vivência até o momento dos reencontros.

O Sr. bispo optara pela forma lupina, em razão da sua infeliz conduta sexual, usando as regras e exigências da religião, e, qual se fosse um lobo, banqueteava-se até a exaustão, retornando à aparência eclesiástica. No entanto, durante as horas de desprendimento espiritual, era mais o felino cuja forma aditava ao sacerdote de aparência generosa que deveria ser.

Ao entregar-se à lamentável situação na *Casa da Justiça*, assumiu a vilania que o caracterizava, buscando gerar sofrimentos na Instituição Espírita-cristã, desforçando-se no seu atual presidente.

Profundo conhecedor das misérias humanas, o nobre Eurípedes fê-lo voltar ao cenário de degradação e infâmia em que interrompeu o renascimento do Espírito.

Recordado o desditoso naquele momento, as teses *nadaístas* pouco ou nada puderam impedir nos dias do passado próximo nas arrepiantes atrocidades.

Estorcegando e debatendo-se nos delicados e vigorosos fluidos da mediunidade, passou a rever na mente, antes obnubilada, a cena terrível da infeliz mãezinha que se atirara da torre alta da igreja matriz onde ambos pareciam cultuar Deus.

Vimos, através das imagens que ele exteriorizava, a criancinha ensanguentada, enquanto a sua voz pedia misericórdia para que não lhe matassem o corpo de que muito necessitava. Simultaneamente, a própria Marcela, enlouquecida e deformada, tentava agredir o insano, igualmente atacado por outros inimigos também desencarnados.

A cena era muito constrangedora e humilhante: a chusma de sofredores, em aspecto indescritível em que se apresentava, blasfemava e o indigitava na condição de bandido confesso.

O triste espetáculo evocava a visão selvagem de chacais sobre vestígios de outros animais vencidos sob uma nuvem carregada de réprobos vingadores em tumulto aterrador.

Nesse comenos, Eurípedes evocou as bênçãos de Maria Santíssima, e uma luz desceu sobre o cenário triste, produzindo um terrível choque visual.

A Senhora de Nazaré em pessoa apareceu a pouco e pouco, ocorrendo um silêncio incomum, quebrado pelo pranto de muitas vozes, e abraçou o demente pervertido incorporado em Malvina.

A médium humilde e sacrificada adquiriu uma peregrina luminosidade nos *centros de força* e todo o corpo.

Ele uivava e retorcia-se nos braços carinhosos da Mãe Sublime de Jesus.

Ouviu-se-lhe a dúlcida voz com uma tonalidade inolvidável:

– Filho, que fizeste das ovelhas que te foram entregues para pastorear?

Por que as transformaste em vampiros e as levaste à loucura?

Onde estão os teus sentimentos de pastor?

Por que atiraste os cordeiros débeis e inseguros aos cardos, sobre as pedras da desagregação?

Ainda é tempo de voltares ao aprisco.

Agora recolhes o abandono a que atiraste todos que desprezaste e se encontram dilacerados, esfaimados de Jesus e sedentos de paz?

Tua veneranda mãezinha rogou-me teu auxílio desde há tempos e hoje especialmente, vencida pelas lágrimas, suplica que eu interfira com meu Filho em teu favor.

Entrego-te aos seus cuidados, qual aconteceu há bastante tempo.

Liberta-te do mal, no seu doce aconchego.

Surpreendeu-nos uma dama idosa e adornada de luz, que se aproximou e distendeu os braços, recolhendo o filho desditoso que chorava em urros dilacerantes.

– *Confia em Deus, meu filho, e saiamos do abismo para outro campo onde reine o amor.*

Todos chorávamos discretamente, e houve um silêncio profundo, acalmando os enlouquecidos que se encontravam presentes.

A agressividade geral diminuiu, e as lágrimas pareciam lavar o solo ensanguentado, esmaecendo a ardência dos sofrimentos nos seres dilapidados...

Entraram algumas dezenas de *filhos do Calvário*, que passaram a conduzir aqueles que se encontravam mais calmos, enquanto o Sr. bispo, quase recuperando a forma humana, abriu desmesuradamente os olhos e a boca, mas não conseguiu dizer nada. A face estava sob a máscara do horror...

Foi então que a Senhora Mãe da Humanidade concluiu:

– *Renascerás ainda na Terra, proximamente, assinalado pelas flores negras dos teus delitos, e espinhos transformados em feridas e deformações surgirão no teu corpo e na tua emoção, como flores perversas, a fim de lograres a redenção, até o momento em que o teu coração pulse ao ritmo do amor que destroçaste em outras existências.*

Não recalcitres, nem titubeies.

Não há crimes que não possam ser corrigidos, nem amor que se negue a envolver todos os réprobos para a reparação.

Vamos, meu filho, com a tua mãezinha. A vida na Terra sofrida te espera.

As emoções eram superiores às nossas resistências e deixamo-nos dominar pela soberana bênção da Mãe Augusta, enquanto a claridade foi diminuindo até ficarmos com os tons do trabalho normal.

Todos que ali nos encontrávamos éramos a família de Jesus recebendo as Suas santificadoras mercês.

Malvina retornou à lucidez suavemente, havendo recebido passes revigorantes, e Amália começou o seu transe.

A luz divina estava acesa e era necessário arrancar das trevas do Eu enfermo aqueles que ainda não haviam despertado.

A nossa irmã Amália, num transe profundo, apresentava uma fácies atormentada com vários vínculos de dor e sisudez, passando a falar pausadamente num tom masculino:

– *Já estive aqui, há pouco tempo, falando através de outra sensitiva, mas isso não é importante.*

Naquela ocasião, fui convidado a demorar-me neste reduto de modo a ver a face nova dos dois adversários que mais feriram o meu ser. A contragosto, permaneci, como se uma força insuperável me detivesse... Tentei sair, fugir, debater-me nas grades férreas do ódio, mas me sentia chumbado ao solo e, mesmo sem o querer, passei a assistir às atividades que são desenvolvidas. A princípio julguei serem farsantes e membros de alguma seita de feitiçaria, porém os exemplos de amor e de compaixão que detectei em muitos momentos e encontros de pessoas que se arriscaram a vir buscar socorro fizeram-me alterar o comportamento negativo. Não podia acreditar que o Jesus, cujo nome é anunciado mil vezes e parece agir por intermédio das pessoas, não é o mesmo que me desgraçou no passado. Os infames que me desgraçaram, agora com as suas novas roupas, transformaram-se em samaritanos compadecidos dos judeus que se lhes implicavam e perseguiam, produzindo-me conflitos inenarráveis. "Em que acreditar?", perguntava-me. Naqueles que me trucidaram ou nestes que levantavam os caídos, às vezes caindo também, porém levantando-se rápido para ajudar?

Falando ofegante e entre soluços, silenciou, embargado.

Utilizando-se do silêncio espontâneo do paciente, Spinelli falou-lhe com imensa ternura, qual paternal:

– *Todos nos recordamos do querido irmão. Aliás, gostaríamos de identificá-lo pelo nome que teve naquele difícil período, e não pelo aspecto orgânico...*

O Espírito pareceu surpreso e, com os olhos da médium muito abertos, ripostou:

– *Isso é importante?*

– *Não. Sucede que aqui preferimos falar ao ser profundo, e não às características transitórias da sua reencarnação. Mas como o nome, a identidade, remete à melhor evocação da existência, preferimos essa opção, caso seja do agrado do nosso visitante.*

– *Era chamado Spanovich, o Monstro...* – e sorriu com terrível amargura.

– *Preferimos chamá-lo apenas de Spanozito, que nos parece mais familiar e íntimo.*

– *Sim, era assim que minha mãe me chamava...* – e aumentou o pranto, agora mais dorido.

– Muito nos alegra saber que você se sentiu no lar ante os sofredores que também buscavam as bênçãos de Jesus nos dias passados.

– Ninguém lhes perguntava quem eram, mas sim o que desejavam...

– É natural que assim nos comportemos, porque Jesus nos chamou a todos os sofredores como filhos do Calvário, *de alguma forma* igualando-nos a Ele, *o* Mártir da Cruz, *que foi plantada no alto do Monte do Calvário. Desde então, todos aqueles que padecem injustiças, angústias ou quaisquer tipos de sofrimentos somos* Seus filhos *do sofrimento, mas também do amor e da solidariedade, necessitando-nos uns dos outros para a descrucificação...*

O meu irmão Spanozito já o era mesmo antes de conhecer esse esforço dos homens do caminho *que pretendiam manter toda a Humanidade como sua família. Esteja, pois, inteiramente à vontade.*

– Não sei o que falar e não tenho como expressar-me, porque sempre fui considerado um monstro e tal sentia-me até o momento em que aqui encontrei dores maiores do que as minhas, em reuniões magistrais de socorro pela madrugada a falecidos alucinados e odientos, passando a compreender que somos responsáveis por muitas das misérias que nos afligem. O ódio que me consumia parece-me agora uma labareda que se vai apagando por falta de combustível. Não que esteja livre de pensamentos arrogantes e vingativos, mas pela oportunidade de saber que me encontro equivocado e, ao invés de vítima, sou um terrível vingador.

Fez uma ligeira pausa nos comentários e prosseguiu:

– A nossa comunidade é ainda amaldiçoada, apesar dos disfarces psicológicos que são estabelecidos, mais como com-

paixão dos que são sadios e se creem superiores do que mesmo por espírito de compreensão e solidariedade. Por isso, de algum modo formamos nossa sociedade terrena, vinculando-nos a outros grupos odiados, tais os gitanos *e demais infelizes. Nossa angústia é tal que aqui, após a morte, mantemos a união e formamos grupos especiais de vingadores, qual ocorre na* cidade *em que habitamos.*

Somos utilizados para hipnotizar mastins e ofídios, principalmente, assim como atormentados sexuais. Somos tidos como viciados em sexo e drogas... Não é verdade. Esse drama não é de determinada faixa de seres, mas de todas as criaturas invigilantes e certamente em nós, por decorrência dos sofrimentos que experimentamos.

O diálogo de ternura prosseguia, quando irmão Eudalbo adentrou-se no recinto e acercou-se dos irmãos, acompanhado por uma senhora envelhecida, mas bela e de sorriso jovial na face enrugada.

Imediatamente, o comunicante exclamou: – *Mamãe querida, você está vindo do Céu arrancar o filho das chamas do Inferno?* – e atirou-se-lhe nos braços distendidos, chorando mais desesperadamente.

Com afagos e carinhos na cabeça úmida, ela respondeu:

– *Venho buscar-te em nome Jesus, de Quem te separaste desde há muito. É somente o que importa no momento. Depois compreenderás.*

Com imenso carinho, auxiliada pelo nosso Eudalbo, saiu conduzindo o seu tesouro para novas experiências iluminativas.

A médium recuperou a consciência, recebeu passes espirituais do irmão Cláudio e, antes do seu encerramento, porque houvesse grande número de sofredores em expectativa, Spinelli falou-lhes docemente sobre o amor a Deus, os deveres morais em relação à vida e a si mesmo e, com beleza incomum, sobre o Mestre Incomparável.

Ao término, foi pronunciada com muita emotividade a oração de encerramento pelo chefe do grupo de Templários, cujas vestes brancas passaram a brilhar suavemente no ambiente adornado de pétalas de rosas perfumadas que desciam sobre as nossas cabeças.

"O Núcleo Espírita é, sem dúvida, reduto de socorro de urgência e emergência para muitas vidas estioladas mediante o conforto e direções de equilíbrio que propicia de imediato, evitando, desse modo, emaranhamentos em situações mais perversas e complexas do que aquelas nas quais se encontram ao serem atendidas."

Manoel Philomeno de Miranda • Divaldo Franco

18

MOVIMENTAÇÃO BEM COORDENADA

Enquanto cuidávamos de alguns problemas de obsessão e correlatos, o grupo de especialistas que visitou a caverna havia conseguido mapear as furnas mais profundas e alguns abismos internos que serviam de presídios para os Espíritos mais rebeldes.

É muito difícil definir quanto gostaríamos de explicar como era a região em que estava a *Cidade da Justiça*, tais as condições físicas do lugar em que fora edificada, assim como eram os tormentos daqueles que a habitavam.

Existem na Terra favelas de miséria absoluta, nas quais o ser humano chafurda com suínos, bovinos, répteis e formas de seres hediondos e outros animais no mesmo ambiente, e alimentam-se quase que mesmo do que encontram em absoluta decomposição e estado de degradação. Misturam-se dejetos com alimentos e água infetada é servida para todos os fins. As furnas, no entanto, ultrapassavam essas paisagens, pois que dificilmente se podia identificar seres humanos com outros animais ali em promiscuidade.

Havia alguns séculos que Entidades primitivas que guerreavam no planeta, submetendo nações, arrasando povos e destruindo vidas, quase tudo reduzindo a pó e a destroços, resolveram criar aquela cidade sinistra para servir de antro punitivo aos considerados inimigos ou credores das suas tormentosas posturas infernais, em nome da ignorância reinante.

Naquela hora do encerramento da utilíssima reunião mediúnica, fomos convidados a participar de um debate fraterno sobre a transferência da *Cidade da Justiça* para outra dimensão.

Já estávamos informados da localização do astro onde ficariam os aprendizes recalcitrantes em estágio de purificação.

A constituição física do lugar era bem parecida com a Terra de alguns bilhões de anos de organização e habitabilidade.

O aspecto da matéria em ebulição de muito elevada temperatura, qual ainda ocorre hoje em nosso orbe terrestre, na barisfera, era local apropriado, na parte superior, na crosta para a fixação dos alicerces transplantados.

A atmosfera na região, se assim podemos denominar, era carregada de elementos químicos venenosos, que acumulavam partículas quentíssimas dentro, misturando-se à massa ígnea que os vulcões vomitavam ininterruptamente, flutuando sobre área muito escura.

As montanhas sacudidas por convulsões contínuas mantinham o aspecto fantasmagórico e apavorante.

Não havia como perceber se havia na sua periferia ou entranhas a vida sob qualquer aspecto.

Ventos fortes sopravam em desordem e tudo em volta conduzia a uma visão infernal.

Alguns dos engenheiros que estiveram conosco na *cidade* apresentavam os planos em aparelhos eletrônicos.

As imagens, os traçados, os contornos sem negro e os registros, como eram vivos e apresentavam-se em terceira dimensão, facultavam ver-se em profundidade o interior na realidade do conjunto...

Com razão, no passado, os médiuns e sensitivos em geral, os santos e os mártires, assim como os místicos eram conduzidos ao Mundo espiritual através do desdobramento pelo sono e tomavam conhecimento da realidade que defrontavam, retornando com as ideias que se infiltraram na ignorância do povo, a respeito do Purgatório, hoje eliminado da Igreja de Roma, e principalmente do Inferno. No sentido oposto, um e outro, igualmente em desdobramento, também visitavam as regiões felizes, a que denominavam Céus e os classificaram, conforme o cabalismo, em sete faixas até a sublimação, o mais alto degrau da glória e da Espiritualidade.

O estudo e a lógica da Doutrina Espírita demonstraram que são educandários para os alunos terrestres após a morte do corpo.

Prolongamento da vida física, são frutos do pensamento coletivo dos desencarnados, que geraram pela ação da mente atormentada e culpada tais redutos também transitórios de purificação.

A área ocupada pela planta era expressiva e, por isso mesmo, a transplantação para outra localização exigia muita habilidade e cuidadosos cálculos matemáticos.

Um deles, dos engenheiros, vivamente preocupado, após considerações profundas e oportunas, esclareceu:

– Iremos transferir para o novo lugar áreas muito grandes, usando aparelhos tipo gruas, guindastes e outros que são especialmente desenhados para esse fim, com trabalhadores todos treinados para a alteração paisagística.

Tive a impressão de que lhes era familiar o empreendimento de engenharia, pois que a condensação de idioplasma dava-se passando do habitual estado de fluidez para formas visíveis e palpáveis.

Referiu-se à transferência no passado próximo dos monumentos egípcios, que foram transferidos para outro lugar, a fim de sobreviverem ao lago de Assuan, no Egito.

Tudo foi feito com engenho e perfeição graças aos investimentos internacionais e aos admiráveis engenheiros dedicados ao grandioso empreendimento.

Outros grupos no Brasil e noutros países também se preparavam para a reunião sobre a transferência das respectivas localizações, obedecendo aos operários especializados que davam prosseguimento às exigências da Lei do Progresso.

Definida a data da operação muito delicada, grupos técnicos fariam os seccionamentos dos imensos trechos e começariam a sua remoção, conduzindo os seus habitantes, que se não dariam conta do que estava ocorrendo, tal o estado de transtorno mental e emocional de que eram vítimas.

Suportes espirituais foram colocados antes do seccionamento das grandes placas, a fim de que a parte seccionada pudesse permanecer sem abalos violentos que poderiam arrebentá-las, enquanto um grupo de especialistas em meditação unir-se-ia em um lugar próximo e se entregar-se-ia à concentração profunda, a fim de facilitar o esforço conjugado da locomoção nas partes que eram possíveis de movimentar no momento.

O dia 13 de maio, pela evocação da liberdade dos escravizados no Brasil, foi eleito como o inicial das operações de remoção e transporte.

Milhares de Espíritos generosos haviam sido convocados, em grande júbilo, para contribuir na formação de habitabilidade do novo mundo.

O ar fétido e asfixiante que antes pairava em todo o recinto, visitado por contínuas correntes de ar, diminuiu a sua intensidade, e era comovedor o esforço de tantos obreiros, trabalhando na construção da escola de regeneração, por enquanto em ambiente de tal ordem.

Num momento da levitação e do auxílio de uma maquinaria especial, pudemos ver que o Sol nascente não conseguia penetrar a massa compacta com furnas, níveis e desníveis, que os doentes em si mesmo haviam consolidado através dos tempos.

A movimentação gigantesca e a ação dos anônimos edificando a Escola de redenção dos equivocados falavam-nos sem palavras sobre o *Reino de Deus*, que é edificado no coração.

O primeiro bloco a ser removido do lugar fantasmagórico, lúbrico era muito maior do que pensávamos, e em consequência ficamos pasmados ante o espaço ocupado anteriormente, quase a perder de vista. As sombras que permaneciam sobre a área onde se projetara até há pouco possuía um aspecto asqueroso, e as bordas derramavam um líquido espesso, escuro e nauseante.

Mais tarde, fomos informados que se tratava das emissões mentais e se transformavam as ondulações em líquido, processo inicial de condensação dos horrores mentais de cada qual, conforme sua conduta pessoal.

A noite, que era sempre terrível, naquela oportunidade abrira uma clareira na nuvem densa atingindo a camada extraída.

Em momento próprio foram substituídos os trabalhadores voluntários e meditadores, a fim de que o trabalho não sofresse solução de continuidade.

Amanhecendo no nosso amado pouso, fomos informados dos ataques ferozes que estavam sofrendo os residentes, bem assim os companheiros da grei laboriosa, agora com o exercício e prática de reuniões mediúnicas temporariamente.

Felizmente todos estavam informados da responsabilidade destes dias e das mudanças que se vêm operando para a eliminação dos seus malefícios.

Em determinados momentos aplicava-se a programação como num campo de marimbondos cuja enorme colmeia se havia permitido adentrar.

O nosso diretor programou uma atividade mediúnica com os elementos mais experientes para reforçar as defesas, como a assegurar aos residentes reencarnados ou não de que as mãos de Jesus movimentavam as suas.

Os adversários que faziam parte da milícia foram dirigidos para o abrigo da fé e da caridade cristãs, com a finalidade de robustecer aqueles que dessem sinal de cansaço e fragilidade. Sob as vibrações funestas e atendendo aos infelizes de ambos os planos para descarregarem os fardos dos sofrimentos necessários que se prontificaram a sofrer, demos início ao programa reservado para aquela região.

Os legionários, sempre a postos, foram destacados para acompanhar os devotados membros que se abasteceriam nos pensamentos.

Sem dúvida era uma guerra local que se instalara no Reduto do Evangelho onde brilhava a Divina Luz do Amor do Mestre.

Podíamos ver o verdadeiro desfile de almas felizes e de má catadura, nas quais estavam inscritas as intenções pessoais.

Concomitantemente, o telefone e os órgãos de comunicação virtual não cessavam de rogar ajuda, oração, socorro para enfermos da pandemia, de obsessores entre os seus trabalhadores.

Passamos o dia em socorro bem planejado, transformando a sala de conferências agora sem uso, num hospital de guerra, onde recolhemos enfermos que são atendidos por todos nós.

Todo ideal de dignificação humana encontra opositores que, às vezes, tornam-se inimigos cruéis e se transformam em vítimas de Espíritos maldosos, que os induzem ao antagonismo e desejam destruir tudo quanto não quiseram nem querem conquistar na vilegiatura da carne.

O trabalho delicado de alteração da psicosfera do lugar, verdadeiro santuário do bem e das graças, constituía-nos uma bênção ímpar.

Não faltaram voluntários, que passaram a ser conduzidos pelo nosso Cláudio, o médium especializado em terapia pelos passes.

Ao mesmo tempo, mantivemos contato com outros grupos encarregados de labores especiais.

Muitos deles defrontavam reações severas, através de difamação, de acusações publicadas pelas redes sociais em desafio para desmoralizarem médiuns, expositores e instituições.

Organizações respeitáveis eram caluniadas com prazer, olvidando-se os benefícios oferecidos aos seus residentes muito necessitados, sobretudo de amor e de ternura que lhes são ministrados, além dos básicos como alimentação e demais.

Mordidos pela inveja e pelo despeito, pela competição doentia na sua jactância, nada faziam. Ociosos, com tempo bastante para perturbar, geravam difícil luta com os verdadeiros trabalhadores do Evangelho que saíam sempre vitoriosos, desde que todo aquele que segue Jesus termina por encontrá-lO. Reconfortado, vencedor do mal de que se livrou, adquire força e alegria no contínuo bom combate...

Nesse comenos, recebemos notícias de que muitos dos grupos pela América Latina estavam encontrando dificuldades inomináveis, qual ocorria na Europa.

Necessitava-se de obreiros reencarnados que tivessem algumas informações da Vida além da matéria, para facilitar o delicado esforço de todos que estavam empenhados na grande operação. Em consequência, era mais expressivo o número dos aderentes espirituais, mais ou menos adaptados a atividades idênticas umas e parecidas outras, nas diversas comunidades espirituais correspondentes ao seu último berço na Terra.

Na cidade onde nos alojávamos tivera abençoados espiritistas nos *tempos heroicos,* que acenderam a chama da fé renovada no lar e entre amigos, deixando bons traços do Espiritismo, sabiamente apresentado e cuja marcha não foi interrompida por ocasião da desencarnação deles. Eles continuaram fiéis ao ideal, porque inclusive se comunicavam para oferecer instruções e conforto aos seus fiéis seguidores.

Um companheiro dedicado, por todos amado, há pouco tempo começou a apresentar a síndrome de Parkinson e, embora auxiliado com os recursos de que se dispunha, foi piorando o seu quadro, que, nessa ocasião, afetara o raciocínio, conduzindo-o a delírios e perda total do raciocínio...

Mais recentemente, o seu distúrbio mental levou-o a dizer que estava sendo perseguido por um dos diretores da casa. Tentou-se ajudá-lo com explicações sinceras e a medicação recomendada, porém sem segurança de recuperação da saúde. Tudo fora debalde, porque na sua piora, agora com dificuldade dos movimentos e da palavra, passava horas de rebeldia e reincidia na tese persecutória.

Naqueles dias em que nos encontrávamos distantes, ele foi levado inconscientemente ao lar do confrade e fez-se instrumento de um lamentável escândalo.

Depois de acalmadas as injúrias e impropérios, passou a ter momentos de lucidez e deu-se conta do que lhe estava acontecendo.

Homem de caráter cristão e dedicado ao bem, deu-se conta da aflição da família do amigo e começou com a ideia de suicídio, mais de uma vez enunciada.

Naquele dia, ele estava em crise grave. A alucinação tomou-lhe as faculdades mentais e a família optou por interná-lo, aplicando-lhe o psiquiatra uma dose de sonífero que o acalmou, levando-o ao sono.

Foi solicitado ao nosso diretor um socorro específico pelos seus familiares que não ignoravam o desafio da doença unida a uma obsessão de velha data e padeciam muito acompanhando a desintegração da mente e do corpo do venerando familiar.

O irmão Spinelli dedicou-se a estudar a planificação para mais tarde, quando seria realizada a atividade mediúnica, inclusive nos convidando à reflexão, preparando-nos para o mister dignificador.

A reunião mediúnica séria constitui-se compromisso superior com os Espíritos nobres que nos acompanham, assim como nos são solidários. É um espaço de tempo bem cuidado, para poder-se sintonizar com as Fontes da Vida, de onde viemos e que nos sustentam, auxiliando-nos com o nosso guia espiritual a penetrar na realidade além do véu da carne.

Pode-se afirmar com tranquilidade que qualquer doença, desastre, acontecimento trágico ou honoráveis conquistas no bem sempre ocorrem com a participação desses irmãos que velam por nós. E, de acordo com o nosso comportamento, temos aqueles que nos são afins, que se utilizam de nossa energia ou oferecerem-nas em nome do Excelso Amor.

Embora o nosso enfermo tenha tido um comportamento excelente durante a existência, trazia uma pesada carga de perturbações e débitos de experiências passadas.

A debilidade de forças em razão da síndrome de Parkinson aumenta a irritabilidade, como lhe era habitual, e graças a esse desconforto emocional conseguiu sintonizar com adversários de ontem que o caçavam com destemor no comportamento de justiceiros do Mais-além.

Notamos que a psicosfera da cidade estava muito carregada de vibrações doentias, depressões, exaltação e revolta interior.

Procuramos utilizar bem as horas de que dispúnhamos para nos encontrarmos serenos e otimistas no auxílio superior.

O Núcleo Espírita é, sem dúvida, reduto de socorro de urgência e emergência para muitas vidas estioladas mediante o conforto e direções de equilíbrio que propicia de imediato, evitando, desse modo, emaranhamentos em situações mais perversas e complexas do que aquelas nas quais se encontram ao serem atendidas.

Meia hora antes do início da reunião a sala já se encontrava quase repleta, apresentando um aspecto salutar para os serviços que ali seriam executados.

Diversos sofredores ignoravam o seu estado de desencarnados, renitentes em reclamações, expressões faciais agressivas, e os amigos espirituais que deles cuidam mantinham tranquilidade, buscando atendê-los sem fazer muito ruído.

Alguns eram frequentadores habituais nos trabalhos de desobsessão e outros eram convidados especiais para o atendimento presencial e pessoal.

Diversos irmãos da Ordem dos Templários que cooperavam conosco foram convidados para auxiliar-nos no socorro específico da Doutrina e de outras terapias que eram aplicadas pelo nosso grupo e por membros desencarnados da Instituição.

Uma equipe de auxiliares conduzia cada convidado aos lugares adrede escolhidos, a fim de poderem servir melhor e serem ajudados individualmente.

Na primeira hora da madrugada, iniciou-se a reunião, sendo convidado para fazer a prece o irmão Gracindo, na condição de responsável pela Entidade fraternal.

Após a oração ungida de misericórdia e irrestrita confiança em Deus, Amália, que sempre estava vigilante conosco e em serviço incessante, fez o transe para a psicofonia, e o visitante chegou blasfemando sobre Deus e tudo na loucura de que se encontrava tomado.

A psicofonia era perfeita, porquanto podíamos ver o Espírito influenciando diversos órgãos pertencentes às glândulas do sistema endócrino que pareciam pequenas lâmpadas elétricas que luziam parcamente, demonstrando que forneciam energia para a comunicação. As palavras eram acompanhadas de gestos numa perfeita *incorporação.*

Foi permitido que o visitante fizesse uma catarse algo agitada até o momento em que o nosso irmão Spinelli interveio com suavidade.

Em torno da sala, não obstante a segurança das defesas aos ataques mentais e ao ódio em chispas destrutivas, sentíamos a ameaça dos adversários espirituais que tentavam perturbar a reunião edificante para eles próprios.

De imediato, muito transfigurada com as características do rebelde comunicante, nossa Amália deu campo à manifestação ruidosa, embora o controle da sua disciplina, que se lhe tornara habitual, para que tudo corresse de acordo com os padrões da ordem e do equilíbrio.

Com a permissão dos mentores, diversos enfermos espirituais pertencentes ao grupo agressivo acompanhavam a psicofonia atormentada com espanto e ira, desejando transmitir forças ao comunicante.

Todos nós, profundamente concentrados, buscávamos contribuir para o êxito do cometimento sob as bênçãos de Jesus.

Foi a Entidade quem deu início ao diálogo, iracunda e sem equilíbrio.

– *Se pensam que não estamos cientes do que se está passando, encontram-se terrivelmente enganados* – descarregou com arrogância. – *As operações que estão em curso para a transferência de nossa comunidade justiceira para outra região compatível com os nossos propósitos chamam-nos a atenção e começamos a reagir de maneira que corresponde aos seus intentos.*

Vemos a movimentação de especialistas e trabalhadores desconhecidos num tremendo afã de expulsar-nos da nossa região com as edificações que logramos realizar através dos tempos. Não será tão fácil, como lhes pode parecer neste momento...

Não se destrói ou se transfere uma grande área habitável sem grande prejuízo para o investimento. E a nossa obra tem seus alicerces fixados nas rochas dos tempos, próprias para atender os objetivos para os quais a edificamos.

No entanto, o que me interessa neste momento é a conduta desse decadente cristão que está sendo consumido pelo desgaste orgânico e nossas contínuas manifestações.

Levá-lo-emos ao suicídio como etapa inicial do programa que reservamos consolidar a partir de agora. Os bons tempos da ignorância e das religiões castradoras, responsáveis pelos desvarios de grande parte da civilização, cedem lugar agora "ao tudo é válido", ao prazer alucinante e à depravação sem medida, sem controle. O Crucificado será novamente avaliado e punido pela audácia de apresentar-se como o Salvador da Humanidade.

Este santarrão, por exemplo, que se refugiou, desde há muito, neste antro de purificação, tem muito a expungir ainda antes de conquistar o fanal que é o Reino de Deus nas misérias humanas.

Demonstraremos que a capa de santo que veste é disfarce e as orientações sagradas que segue não passam de utopia e engodo, já que é tão miserável como qualquer um de nós, que o conhecemos na face oculta pela hipocrisia.

Nesse momento, o nosso benfeitor, com a voz enérgica e serena, retrucou:

– *Agora que o amigo fez uma síntese dos seus conhecimentos e dos nossos objetivos nesta jornada, cabe-nos asseverar-lhe que as suas informações estão bem estruturadas em algumas atividades.*

Não estamos aqui por deleite pessoal nem por outras razões que talvez nos escapem, mas por decisão superior dos mentores da Humanidade neste grave período de transformações e de programação de um mundo novo e rico de paz centrado no amor vivido por Jesus, nosso Modelo de perfeição e condutor de segurança. O bem está fixando-se nos corações humanos, e a Terra desempenhará a tarefa para a qual se encontra programada. As dores que assaltam os seres humanos fazem parte da imensa e profunda diretriz de regeneração de todos nós.

O caro amigo está reagindo sob ordens de comandos extravagantes que se têm apresentado como senhores da região que têm habitado. O seu domínio, porém, chega ao término, porque está vinculado à transitoriedade do mal e dos sofrimentos de que as Soberanos Leis se utilizam para a depuração dos Espíritos no crisol da evolução.

A arrogância com que expôs as suas considerações demonstra que a ilusão que o consome já se dilui ante o sol da realidade. Neste nosso encontro, demonstraremos que o irmão que se utiliza da debilidade orgânica do nosso querido trabalhador do bem, nesta quadra de enfermidade, não será consumido pelo autocídio, porque a soma de benefícios que acumulou durante a atual existência é muito maior do que os males que o aturdiam e fizeram-no atrasar no cadinho redentor. Nada ocorre sem a anuência do Pai Criador, e a sua jactância é fruto da ignorância do poder do amor, que transcende as paixões do deleite carnal.

– O que é incontestável observamos em nosso poder de os enfrentar nos seus domínios, qual está sucedendo.

E, talvez para poder convencer-se de um valor que não tinha, prosseguiu:

– Aqui estamos vários justiceiros, que vimos para o enfrentamento e estamos dispostos a produzir pânico...

Observamos que o comunicante se dirigia aos companheiros que se encontravam próximos à mesa, estimulando-os a que tentassem incorporar em Malvina e contaminassem os demais membros da reunião mediante um coletivo ataque com emissão de fluidos tóxicos...

O irmão Spinelli mentalmente convocou Cláudio, que, utilizando-se das energias de que é possuidor, conseguia emitir sucessivas ondas de harmonia que a todos envolviam, evitando que as emissões mentais de rancor e violência chegassem a alcançar os presentes assinalados.

Quando outros Espíritos se somaram aos que se encontravam no esforço mental de emitir pensamentos e vibrações deletérios, Eurípedes, em recolhimento profundo, começou a orar com voz doce e compassiva, ocorrendo um fenômeno comovedor: pétalas de rosas perfumadas começaram a cair suavemente e se desmanchavam ao tocar-nos.

A claridade que se fez permitia que víssemos grupos de Espíritos rebeldes devassos, além dos limites da sala, confundindo-se com as criaturas humanas em desdobramento, que se debatiam nos conflitos emocionais e nos desejos infrenes das paixões sensuais. Em verdadeira alucinação, louvavam nomes de líderes terrestres que se lhes submetiam e divulgavam as aberrações... Cantavam, em deboche ruidoso, músicas de exaltação ao sexo vil, ao infanticídio, ao suicídio, ao enfrentamento às leis e à união de pais com filhos, irmãos, familiares, numa promiscuidade insuportável. A lascívia e a degradação dos costumes faziam parte do novo comportamento da sociedade sem qualquer limite, a pedofilia exaltava o prazer da violência e a agressividade gerava um verdadeiro caos entre eles na bacanal irreprimível.

Os Espíritos do mesmo naipe moral que se encontravam na reunião, podendo ver o que se passava além da sala, desejaram acompanhar a burlesca brutalidade, perceberam um estranho estado vocal que lhes não permitia enunciar qualquer palavra ou movimentar-se ao ritmo dos berros e gestos da mais baixa devassidão.

Encontrávamo-nos em um cenário estranho, onde se confrontavam os bons sentimentos e a baixeza asselvajada desafiando tudo, e os espectros que a exerciam tinham as mais torpes expressões, transformados em seres primários que pareciam brotar do chão.

A voz dúlcida de Eurípedes cresceu e alcançou a multidão além das barreiras vibratórias que os separavam, conclamando todos ao despertar, ao renascer dos destroços e deformidades da aparência humana.

Nesse espetáculo de terror e desorientação, de gritos e angústias, a suavidade do grupo em oração, acompanhando a mensagem do benfeitor e demonstrando o poder do Amor e da Misericórdia de nosso Pai, contrastava de maneira chocante.

O embate prolongou-se por alguns breves minutos, enquanto a multidão agitada seguiu na direção dos seus festejos, ficando pelo caminho inúmeros tombados que seriam acolhidos pelos auxiliares do programa mediúnico.

A ordem permaneceu, e lentamente voltamos ao espaço único da sala mediúnica em ordem e com grande movimentação de socorro aos necessitados que se deixaram amparar.

O nosso irmão assistido, agora mais livre da injunção obsessiva do *justiceiro* que permanecia incorporado em Amália, apresentou significativo bem-estar, enquanto o irmão Spinelli continuava no diálogo abençoado com o seu perturbador, que também fazia parte do grupo baderneiro de assalto às criaturas humanas.

Vencido pela clareza da verdade e lógica dos conceitos emitidos pelo mentor, o inimigo do bem derreou numa espécie de desmaio providencial, sendo retirado do campo mediúnico.

Diversas comunicações sucederam-se, mesclando-se inimigos pessoais com aqueles que se proclamam adversários do Cristo a serviço do deus vingança.

À hora própria, houve passes coletivos ministrados pelo nosso Cláudio e seus colaboradores, quando se encerrou a reunião especial.

"Os verdadeiros servidores que merecem destaque são aqueles que servem de exemplo pelo que fazem em favor da Causa, e não aqueles que estão preocupados com as casas nas quais laboram e nas pessoas que as dirigem."

Manoel Philomeno de Miranda • Divaldo Franco

19

A LINHA DE FRENTE

Enquanto a pandemia ressurgiu no planeta, quando parecia em extinção, e uma segunda onda reapareceu com as mesmas perversas características, aproveitando-se das populações cansadas e rebeldes que teimavam em não saber aproveitar a ocorrência lamentável para a recomposição da economia de muitos países, as sequelas da enfermidade cruel, as revoluções sociais e morais surgiam no planeta simultaneamente com diversos países em total desajuste.

Em algumas dessas nações os jogos políticos interessados na sustentação dos seus partidos e dos seus membros, enriquecendo vergonhosamente, apareciam com violência em combates de aparente justiça, utilizando toda forma de repúdio a raças e etnias consideradas inferiores, a comportamentos tidos como alienados, formação de grupos reacionários e desrespeito a qualquer ética moral, assim como sistemática revolta contra as doutrinas religiosas, especialmente as denominadas cristãs.

Aparentando uma sede incomum, as pessoas experimentavam incontidos e sórdidos desejos de desordem e rebeldia, quais detidos por longo tempo, que agora podiam desfrutar a volúpia dos prazeres em abundância em aguerridos lances de extravagâncias.

Prevalecendo as forças motrizes do sexo em desalinho, em razão das mentes atormentadas por desvarios próprios de uma conduta que esteve retida quase à força, agora se apresentavam em torrentes de luxuria intérmina. As pessoas passaram a vivenciar na mente e nos atos toda forma de aberração, a fim de experimentar o que antes era considerado como imoral, perverso, abominável. Passou-se a divulgar e viver tudo que a mente propunha como experiência de vida.

Os seres humanos não eticamente preparados deixam-se consumir pelo gozo que não satisfaz e, em consequência, o número de deprimidos, frustrados, insatisfeitos, descontentes com a existência aumenta de maneira surpreendente, procurando soluções que estão dentro deles próprios, mas se negam a buscar no interior. É uma terapêutica pessoal, em que o paciente é o responsável por quase todo o esforço que deve ser investido na reconstrução do equilíbrio emocional.

Naturalmente, em razão dos baixos níveis psicológicos de anseios íntimos, essa alegria festeira e atordoante que oferece a ilusão do bem-estar, quando não encontrada, porque não existe, é uma ficção lúdica do período infantil que prossegue no adulto, faculta sintonia com os Espíritos do mesmo nível moral e passam a viver em conúbio obsessivo avassalador.

Eis por que são os desencarnados que influenciam os residentes no corpo físico à preservação desse estágio de vileza moral e morbidez de sentimentos, lutando com ferocidade contra os postulados da dignidade, da honradez e do proceder de acordo com as Leis da Natureza em ordem, fomentando a espiritualidade das paixões ancestrais do processo evolutivo.

As obsessões, em consequência, aumentam em escala surpreendente, de modo que na raiz de cada distúrbio e desconcerto encontramos o fenômeno da parasitose espiritual.

Estão ainda relativamente distantes os dias do amor e da decência que vigerão na Terra, a partir da grande mudança que se está operando, e um mundo de regeneração e ordem será estabelecido pelas próprias criaturas saudosas de paz e de equilíbrio, de ternura e respeito por si mesmas e pelo seu próximo.

As operações de transferência da área expurgatória para outra dimensão já tiveram início e podíamos ver máquinas, algumas das quais muito utilizadas na Terra em construções e demolições, programadas para alguns meses. Concomitantemente, os processos de reencarnação nos departamentos de seleção das comunidades produziam renascimentos em massa, quando os incidentes no mal teriam a sua oportunidade de libertar-se das pesadas mazelas íntimas e se adaptarem aos novos padrões de honra que já vigiam no planeta graças à evolução natural e ao Cristianismo restaurado nas bênçãos incomparáveis do Espiritismo.

Por efeito, a Doutrina dos Espíritos é vista pelas Entidades abomináveis como inimiga a ser combatida com todas as armas, de fora da grei para dentro e, principalmente, dentro das fileiras, onde as torpezas morais de cada um que ainda não se evangelizou são estimuladas ao dissídio, ao separatismo, à desunião, às ofensas recíprocas.

Precatem-se os sinceros trabalhadores do bem contra a maledicência, o amor-próprio, o egoísmo insano, as exigências de pureza exterior, as infâmias e acusações ao seu irmão na seara da fraternidade e da união.

Que se considerem aprendizes da Boa-nova e refugiem-se na Doutrina de amor, demonstrando em atos ao invés de palavras untuosas de autoengrandecimento.

Os verdadeiros servidores que merecem destaque são aqueles que servem de exemplo pelo que fazem em favor da Causa, e não aqueles que estão preocupados com as casas nas quais laboram e nas pessoas que as dirigem. Todos merecem nosso respeito e consideração, mas a liderança honorável encontramos em Jesus e no Seu discípulo Allan Kardec, bem como todos aqueles que se dedicam com abnegação e destemor.

Este é um momento muito grave na seleção da semente boa e do escalracho que medra facilmente na área que está sendo trabalhada.

Simplicidade de coração, pureza de sentimentos, abnegação no serviço e alegria na obra do Senhor são alguns dos requisitos que definem os verdadeiros servidores da *última hora.*

As tempestades provacionais rugem, os ventos devastadores sopram em todas direções, mas o verdadeiro espírita sabe a direção que deve seguir e a sinceridade da sua entrega Àquele que o convidou e o ampara.

Naqueles dias recebemos novos companheiros para o trabalho de mudanças que se integraram às equipes, enquanto nosso grupo permaneceu em atividade desobsessiva na sede em que nos hospedávamos.

Embora houvesse sempre atividades a atender, desde o início da nossa participação junto às equipes de médicos e paramédicos, que se dedicavam a atender a pandemia, chamou-nos a atenção o denominado grupo *linha de frente* – aquelas pessoas mais vulneráveis à contaminação, por diversas razões: a idade avançada, alguma enfermidade desgastante, os médicos e atendentes –, todos aqueles que lidavam diretamente com os enfermos ou que cuidavam da limpeza e manutenção do hospital...

A pouco e pouco, fomos acompanhando o contágio em diversos médicos que, embora atendidos de imediato, não resistiam e desencarnavam com as mesmas dores e aflições dos seus pacientes.

Estávamos diante do colossal programa de investimento na mudança vibratória dos habitantes da Terra e da própria morada que oferecerá melhores condições às futuras edificações da família universal unida.

Aqueles trabalhadores encarregados do socorro imediato e posterior, todos que trabalhavam sob o risco do contágio, por estarem mais perto dos enfermos, corriam mais risco de enfermarem que os demais. Qual a razão por que se encontravam expostos num exemplo de abnegação e fidelidade à profissão abraçada?

Conheciam os riscos e perigos expondo as suas existências ao vírus letal, mas muitos ignoravam e desconhecem que, ao contraírem a doença e desencarnarem, estão resgatando crimes que praticaram contra a Humanidade nos passados dias dedicados à ilusão...

Sempre haverá mártires, conscientes ou não, em todos processos evolutivos da nossa casa planetária.

Candidataram-se antes do berço para socorrer os irmãos, mesmo que ao preço alto da vida física e do Além-túmulo, para onde retornam sob carinhoso amparo, prosseguem auxiliando os demais enfermos nos diversos estágios da doença.

Fosse a sociedade mais consciente da sua origem divina e dos incontáveis recursos espirituais que podem auxiliar o ser humano a prosseguir na indumentária carnal, as forças dos dois planos da vida se uniriam em benefício da causa comum – a conquista do progresso moral! –, preservando-se, assim, do desgaste doloroso das condições inferiores de sofrimento, sendo mais saudável do que se encontra.

Todos nós, Espíritos interessados no bem da Humanidade, diligentemente estamos em contínuas tentativas de comunhão recíproca, evitando-lhe, assim, danos e amarguras mais afligentes.

No caso em tela, estamos ao lado de cada enfermo para confortar-lhe a alma, atenuar-lhe o pavor da morte e ajudá-lo, quando necessário, a libertar-se da realidade das células em decomposição para adquirir a harmonia essencial à felicidade.

De imediato ao decesso, conduzimo-los aos nosocômios espirituais onde se refazem e se recompõem espiritualmente.

A vida e os seus impositivos não cessam nunca. Tudo vibra, movimenta-se e desenvolve-se no Universo sustentado pelo Hálito Divino.

As nossas atividades nos acampamentos hospitalares de emergência no momento são muito complexas e bem diferentes daquelas que ocorrem nas unidades de terapia de urgência ou nos recintos menos favoráveis onde expungem as suas dívidas.

Credores do nosso carinho pelas lições de sacrifício a que se expõem, são aqueles que desencarnam enquanto salvam vidas que devem permanecer nas paisagens físicas.

Os que se recuperam nem sempre se recordam daquelas existências que se sacrificaram para que a sua pudesse permanecer... Eles propiciam tempo para que vacinas salvadoras possam ser conseguidas e superem as etapas experimentais para salvação do futuro, qual ocorre com anteriores epidemias e calamidades hoje sob controle.

Não podemos olvidar do estoicismo humanitarista do doutor Albert Bruce Sabin, que renunciou a quaisquer benefícios econômicos da patente da vacina a fim de banir da Terra o vírus da poliomielite, que ceifou milhões e deformou número incontável de vidas.

Graças à sua grandeza moral e renúncia, a paralisia infantil logo mais terá desaparecido, porque todos têm direito ao uso do medicamento salvador gratuitamente.

Quando os vieses políticos e os interesses econômicos cederem lugar ao amor e ao dever, aos direitos dos descobrimentos desses fenomenais auxílios dos laboratórios, a Humanidade estará no esplendor da regeneração.

Compreendíamos isso na clínica em que estagiávamos, auxiliando os médicos e seus enfermeiros no correto atendimento do produto que debela a doença e que tem ajudado grupos experimentais e servido de base para a ampliação terapêutica de combate à doença exterminadora.

Descem ao planeta, nestas horas amargas, verdadeiras legiões de *Filhos da Luz*, a fim de que o sol do amor continue diminuindo as sombras do egoísmo perverso e dominador.

Comentávamos a respeito do esforço dos nossos companheiros no auxílio aos irmãos comprometidos com a ignorância – vitimados por perseguidores cruéis que se comprazem em atormentá-los na etapa final –, em tentativas de libertá-los.

Afã semelhante aos hospitais sobrecarregados de pacientes na Terra, também cuidávamos do melhor atendimento ao número daqueles que desencarnavam necessitados de urgente socorro para evitar-lhes vários comprometimentos, entre eles o da vampirização...

A *linha de frente do amor* e da caridade se encontrava amparada ao máximo, mas alguns dos seus membros deveriam passar como cobaias para auxiliar o processo de entendimento da conduta do vírus, especialmente nos pulmões e coração...

Felizmente já se desenham na Terra técnicas para a medicina espiritual, na qual a terapia dos passes, da oração, da água magnetizada é recomendada aos pacientes, especialmente na área da cardiopatia.

Desse modo, os grupos em tarefas espirituais estão contribuindo eficazmente para a formação da sociedade fraternal e amiga que se pretende alcançar desde agora.

Numa visão espírita-cristã, todos nos encontramos na linha de frente, os irmãos encarnados, porque a desencarnação é apenas fenômeno orgânico de mudança de posição vibratória no rumo da imortalidade.

Esses mensageiros da esperança, que não se poupam aos esforços de atendimento aos seus pacientes e enfrentam a desencarnação com ética e grandeza moral, sem queixar-se dos fatores que lhes propiciaram o sacrifício humano, volverão ao mundo melhor, onde fruirão as bênçãos que ora agasalham, contribuindo em favor da saúde terrestre.

Como alguns se encontram comprometidos com longínquos ou próximos dias de alucinação, apresentam-se teleguiados pelos adversários aos quais não souberam conquistar e recebem como recompensa ao seu martírio a liberação desses enfermos espirituais que já não os alcançam psiquicamente em razão do seu labor em favor da Humanidade, mesmo que ignorando o gesto da morte resignada.

Num dos momentos em que nos encontrávamos juntos comentando exatamente esse tópico, nosso Eudalbo, que permanecia estudioso dos vírus no além da vida terrena, explicou-nos a gravidade que paira sobre a Humanidade, considerando alguns países que se têm dedicado a criar vírus perigosos ante a possibilidade de uma guerra biológica, utilizando-se dos *estoques* armazenados de muitos deles, que são mais poderosos do que quaisquer outros instrumentos de destruição convencional ou nuclear.

Com as atuais perspectivas filosóficas e morais que campeiam na cultura hodierna e a exaltação do crime, das perversões que incluem a legalidade de tudo que se pretenda fazer, não será difícil uma ruptura diplomática entre países com laboratórios poderosos e muito bem armazenados.

Dirigidos por homens e mulheres inescrupulosos que perderam o respeito a si mesmos e à Humanidade, por extensão a Deus e ao Espírito imortal que todos somos, num momento passam das ameaças bombásticas às ações covardes e subterrâneas, como talvez prefiram...

Enquanto os sentimentos humanos estiverem sob os conflitos da negação divina e as aberrações das filosofias de ocasião, destrutivas da dignidade e do equilíbrio da criatura em relação ao Universo e às suas Leis Soberanas, haverá a proliferação dos males que a mente propicia e os tormentos interiores necessitam para estar em constante variação até a cessação da vontade e o alheamento da realidade no abismo da cegueira espiritual.

Os nossos grupos, no entanto, visitavam as entidades hospitalares procurando auxiliar esses servidores devotados, encorajando-os e transmitindo-lhes forças nos momentos de desfalecimento pelas largas horas de vigilância e trabalho, que não lhes permitiam o repouso ou a renovação das energias.

Também havia os amigos especializados em atender os pacientes de emergência que necessitavam de entubação e os hospitais não dispunham de equipamentos em suficiência, aplicando-lhes os nossos recursos e afastando os seus adversários desencarnados que os pioravam com os seus fluidos tóxicos e as infelizes obsessões, sem qualquer espírito de humanidade ou de compaixão.

Nossos cuidados com os desencarnados da *linha de frente* era muito grande, a fim de que o despertar não os levasse ao desespero ou ao desânimo em razão das tarefas concluídas e que não tinham conhecimento durante a doença que os surpreenderam na ajuda aos delirantes e sem esperança.

Informávamo-nos com frequência das atividades em que se encontravam os subgrupos nossos, de forma que a harmonia devesse ser preservada em todos os momentos de ação e de estudos e planejamentos.

A ação de deslocamento das áreas que seriam transplantadas para outras dimensões continuava sem qualquer perturbação de um ou outro labor. Todas as equipes funcionavam sob a direção de sábios administradores e especialistas, o que nos oferecia uma sensação de paz e de alegria sob o magnânimo socorro de Jesus.

Os nossos compromissos nestes dias estão adstritos ao acompanhamento dos enfermos da Covid-19, simultaneamente aturdidos por interferências obsessivas.

Como nos encontramos sob os ataques programados pelos infelizes desencarnados para dificultar as ações do Cristo de Deus, nestes significativos dias de transição planetária, procuramos especializar-nos nas desobsessões e guardiães de áreas que devem permanecer sob especial amparo.

Em um momento de reflexão, nosso mentor explicou-nos que um simulacro de exército está na psicosfera do planeta inspirando muitos dos seus membros, ora reencarnados, nestas últimas levas preparatórias da etapa final, cuja sintonia permite que estabeleçam conflitos de comportamento entre minorias e a grande massa humana, para que se transforme em movimentos de violência. Pessoas que se equiparam de ódio no Além estão em muitos grupos de *justiça* pela igualdade de valores e de direitos, mas também deveriam ser de deveres morais e sociais, o que vem gerando batalhas diárias, qual uma bola de neve crescendo na sua descida e tudo levando de roldão. Entre estes, estão líderes fanáticos e ociosos, estimuladores de anarquia e baderna, a fim de estimular os tumultos e causar prejuízos incalculáveis. Afinal, muitos desses lutadores não têm objetivos superiores, mas simplesmente dispõem da ignorância e da impiedade para gerar e exaltar ânimos mais exacerbados.

Olvidam que o Senhor dos Mundos vela pelo Universo e as suas vitórias são semelhantes às de Pirro, de significação quase nenhuma.

Tudo se movimenta em direção à harmonia e todo movimento em contrário, após momentos de poder e glória, são consumidos pela marcha inexorável do tempo, que a todos arrebata pelo fenômeno da morte e das sucessivas reencarnações.

Cabia-nos, portanto, porfiar no mister em que nos especializávamos, dando mínima contribuição ao grandioso programa da construção do mundo novo.

As nossas reuniões mediúnicas além do corpo faziam parte da habitual programação das instituições espíritas, no mister de praticar a caridade mediante a iluminação de consciências e mudanças dos propósitos maléficos para o trabalho do progresso geral.

Agora, quando deveríamos programar o encerramento das nossas narrativas, no que tange ao novo mundo de regeneração, após as recomendações dos nobres programadores, continuamos auxiliando a implantação do bem em toda parte e disseminando o amor sob todas as formas possíveis, de modo que logo amanhecessem os dias de sol e de esperança.

Em a noite próxima teríamos uma avaliação por um dos responsáveis da nossa área e receberíamos novas diretrizes para o prosseguimento da nossa assistência enquanto a pandemia esteja como a grande selecionadora dos elementos humanos no empenho do bem.

"O Espiritismo deve ser vivido integralmente em todos os instantes da existência humana pela transformação que impõe ao seu estudioso, de maneira a torná-lo um cidadão de bem, sempre atento aos seus deveres para com a vida."

Manoel Philomeno de Miranda • Divaldo Franco

20

PALAVRAS FINAIS

Notei que o quadro da enfermidade que parecia haver diminuído, em face das atividades públicas que reuniram muitas pessoas sem os cuidados prescritos, aumentou consideravelmente e logo se pôde constatar que as unidades de terapia intensiva nos hospitais estavam sendo lotadas novamente em toda parte.

As autoridades voltaram a dar sinais de alerta, nem sempre aceitos com a consideração que deveriam merecer, e as estatísticas de contaminados e de óbitos cresceram a seguir.

Da *cidade dos justiceiros*, um número bem volumoso de Espíritos foi transferido sem ter ideia para outros sítios e comunidades, a fim de irem reencarnando-se, numa oportunidade única para a recuperação pessoal, porém sobrecarregados dos sentimentos que lhes eram peculiares, talvez atormentando mais as criaturas em luta saudável pela saúde moral.

Pode-se concluir que, aumentando o número de Espíritos turbulentos e de princípios hostis no mundo físico, muitos embates seriam travados, de modo que a dignidade humana rebaixada e violentada recuperasse o seu padrão de honradez, e os princípios morais e espirituais voltassem a merecer consideração.

Essas lutas – que se têm ampliado nos relacionamentos sociais, no açodamento das paixões de ideais de fraternidade mediante métodos abusivos, dando lugar a novas classes para exigência aos seus direitos e valores – têm constituído um grande prejuízo à sociedade, que perde facilmente a paciência, que passa a valorizar os seus interesses em detrimento dos outros e arma-se para não perder as vantagens que desfruta.

Aos espiritistas cabe a consciência dos deveres com que a Doutrina os honra, realizando o combate às más inclinações, à sombra, aos desaires morais que os aturdam, evitando exibicionismos e debates desgastantes, nos quais, ao invés das teses de esclarecimento para tranquilizarem-se uns e outros, procura-se humilhar, ofender, realizando combates públicos desnecessários.

Nesse panorama de atividades, a compreensão do alto significado das reuniões mediúnicas de toda natureza, sejam de desenvolvimento da faculdade, sejam de desobsessão, é de alta importância, oferecendo-se recursos preciosos para as comunicações dos irmãos desencarnados em diálogos abençoados e libertadores do mal.

Espiritismo sem Espíritos é como corpo sem alma.

Muitos indivíduos fascinam-se pela filosofia espírita, pelas investigações ou ainda pela parte evangélica e cristã, no entanto, deve-se considerar que o Espiritismo é a Doutrina que se encontra inteira na Codificação Kardequiana e não deve ser examinada apenas por um aspecto, por uma face.

Uma reunião de atividades mediúnicas é abençoado momento para reflexão, análise sobre a imortalidade, campo experimental para o comportamento, vivência experimental dos conteúdos doutrinários

O Espiritismo deve ser vivido integralmente em todos os instantes da existência humana pela transformação que impõe ao seu estudioso, de maneira a torná-lo um cidadão de bem, sempre atento aos seus deveres para com a vida.

Foi necessário que a Humanidade progredisse intelectual e moralmente para que os Espíritos nobres viessem à Terra explicar o sentido das palavras de Jesus, normalmente envoltas nos véus das parábolas e símbolos arrancados da simplicidade dos Seus dias, no Seu tempo, a fim de poder-se instalar a Era do Espírito imortal, como vem acontecendo. Desafios de todo tipo surgem a cada momento, em razão do atraso moral dos que habitam o planeta. Eis por que este é o momento da grande transição que facultará melhores recursos para que o sofrimento ceda lugar à alegria de viver.

O intercâmbio consciente entre reencarnados e desencarnados a cada dia se fará mais facilmente, em razão da mediunidade em expansão na cultura terrestre, sem as anteriores pressões de patologias ou das ingênuas interferências demoníacas.

Com o crescimento das dores e aflições morais, o ser humano não disporá de outras senão a busca do entendimento destas e da maneira eficaz de libertar-se.

Jamais as dificuldades constituirão impedimento à propagação da verdade, porque estarão também no campo de atividades Espíritos voluntários que abraçarão a Doutrina inspirados no amor ao próximo e amparados pelas elucidações doutrinários libertadoras.

Indispensável, portanto, que os adeptos fiéis do Espiritismo não se permitam a perda de tempo útil com frivolidades ou disputas egoicas muito comuns nos comportamentos, especialmente quando se formam grupos da mais variada natureza.

Na programação para o futuro, a estada do nosso grupo, mais ligado à pandemia, conforme já o dissemos, vincular-nos-á, a cada dia, à batalha sem quartel da conscientização.

É lamentável que os disparates ainda encontrem aceitação de pessoas portadoras de responsabilidades morais que de repente alteram a conduta, deixando os temas relevantes e significativos por disputas sem sentido, exceto prejudicar as realizações que edificam a Humanidade. É natural que haja sempre indivíduos inadaptáveis a um *modus vivendi* saudável, num clima de esforço para manter a paz e estimular o avanço pelas trilhas do serviço dignificante. Sucede que são principiantes nos árduos processos do crescimento para Deus e estão atados aos prazeres orgânicos que os instintos lhes permanecem em predominância em detrimento das emoções superiores.

Antevemos aflições demoradas aos viandantes do corpo carnal, enquanto predominarem as ambições terrenas do poder e do ter, através das decepções contínuas, inclusive com o próprio corpo, nem sempre apto a suportar o resultado dos comportamentos prazerosos. Toda máquina funciona conforme a sua constituição, e o mau uso sempre produz danos, não poucas vezes, irreparáveis. Assim também sucede com a máquina orgânica.

Todos devemos estar preparados para os acontecimentos que sucedem, mesmo aqueles que constituem desdita, padecimento e angústia. No íntimo do ser, no entanto, estão os mecanismos de solução que devem ser acionados, mesmo antes de surgirem como emergência na sua função.

Outrossim, também podemos prever as bênçãos que todos fruiremos durante a grande mudança e após, quando o nosso planeta for melhor, em razão do nosso aperfeiçoamento moral.

Nossos olhos, portanto, devem também ser postos nas venturas que nos aguardam, anelando pelas dádivas de amor e plenitude que nos serão concedidas desde agora.

Essa realidade, porém, dependerá exclusivamente de como nos comportemos e contribuamos para apressar ou retrasar os dias formosos...

Após um demorado encontro com os membros do nosso grupo, o venerando Spinelli sugeriu que interrompêssemos as narrações, porquanto nos demoraríamos um largo período em atividades no labor do Evangelho vivo na ação.

Prologando-se nossos compromissos, contemplamos as possibilidades sublimes do amanhã com a alma referta de alegria, agradecendo ao Senhor Jesus pela oportunidade que nos tem sido oferecida e auguramos que todos sejamos aquinhoados com as bênçãos de paz e plenitude no rumo do mundo de regeneração.

Anotações